Gabriel Strobl

Aus der Frühlings-Flora und Fauna Illyriens

Gabriel Strobl

Aus der Frühlings-Flora und Fauna Illyriens

ISBN/EAN: 9783743323315

Hergestellt in Europa, USA, Kanada, Australien, Japan

Cover: Foto ©berggeist007 / pixelio.de

Manufactured and distributed by brebook publishing software (www.brebook.com)

Gabriel Strobl

Aus der Frühlings-Flora und Fauna Illyriens

Aus der Frühlings-Flora und Fauna Illyriens.

Von

Pater Gabriel Strobl,
Benediktiner in Admont.

(Vorgelegt in der Sitzung vom 3. Juli 1872.)

Ritter v. Josch, jub. Landesgerichtspräsident und langjähriger Botaniker, hatte im Frühlinge des Jahres 1871 mit mir eine Reise nach Illyrien unternommen und Ritter v. Tommasini, der allbekannte „Vater der istrianischen Flora", hatte in St. Peter sich uns angeschlossen und während eines grossen Theiles derselben uns begleitet. Er war, wenn auch nicht der Urheber, so doch lange Zeit der Leiter unseres Unternehmens, indem er die Punkte auswählte, die wir als die lohnendsten mitsammen besuchten oder nach seiner Trennung noch besuchen sollten, und, was uns noch mehr als dieses förderte, er bestimmte uns auch Tritt für Tritt die gesammelten Pflanzen. Es ist daher nicht mehr als billig, wenn ich an dieser Stelle ihm nochmals unseren innigen Dank für seine aufopfernde Freundschaft ausspreche und einen grossen Theil des Verdienstes, welches ich mir etwa durch diese Arbeit erwerbe, ihm zuschreibe. Doch darf ich nicht verschweigen, dass auch Herr v. Josch in diesem Florengebiete sehr bewandert war, da er einen Theil desselben wiederholt besucht und sogar in der österr. botan. Zeitschrift 1863 einen längeren Aufsatz darüber veröffentlicht hatte. Endlich habe ich selber alles Gesammelte zu Hause sorgfältig durchgearbeitet und mit Hilfe botanischer Werke, besonders der ausgezeichneten Abbildungen in Reichenbach's „Flora Deutschlands" nochmals determinirt. Meine versuchsweisen Bestimmungen der Moose wurden durch die Güte des Herrn J. Juratzka berichtigt und die bei den Käfern zweifelhaften Arten übernahm mit gleicher Freundlichkeit Herr L. Miller, beide bekanntlich in Wien. Herr v. Tommasini hatte auch die Güte, die nach Vollendung des Aufsatzes noch stehen gebliebenen

Dubia nach bestem Vermögen aufzulösen. Zur Hebung etwa noch auftauchender Zweifel behielt ich die gesammelten Pflanzen und Käfer vollzählig beisammen und bilden dieselben einen Theil der naturhistorischen Sammlungen zu Admont, welche allerdings, da die alten durch den schrecklichen Brand anno 1865 vernichtet wurden, noch ziemlich in den Windeln liegen. Viel bessere Aufschlüsse, als das meine, bietet übrigens das Riesenherbar v. Tommasini's zu Triest und die stete Anwesenheit seines dienstfertigen Besitzers.

Unsere Reise durch Illyrien dauerte vom 29. April bis 18. Mai und umfasste einen Theil Krains, des kroatischen Küstenlandes nebst dem Scoglio San Marco, die quarnerischen Inseln Veglia, Cherso, Lossino oriule und Pietro di Nembi, das istrianische Küstenland von Pola bis Promontore und die Umgebung der Stadt Triest. Die gesammelten Gegenstände waren vorzugsweise Phanerogamen und Käfer, bei welch' letzteren mich die Umsicht des in entomologischen Kreisen wohlbekannten Dr. Kriechbaumer aus München, der von Fiume bis Cherso uns begleitet hatte, bedeutend unterstützte. Der mir von hochachtbarer Seite zugekommenen Aufforderung, ein „allgemein naturwissenschaftliches Bild" zu liefern, entsprechend, werde ich mich nicht auf eine trockene Aufzählung des Gesehenen und Gesammelten beschränken, sondern den allgemeinen Charakter des Landes mit dem der Flora, so gut ich es vermag, verbinden, mich aber streng auf das Gebiet des Zoologisch-Botanischen beschränken. Wer sich auch für die auf unserer Reise geschauten Panoramen, Culturzustände, Städte, Schiffe, Bewohner etc. interessirt, mag sich aus meiner „Frühlingsreise nach Süden" (Graz 1872, Verlag der Vereinsdruckerei, 256 S., 80 kr.) näher informiren.

Allgemeine Uebersicht. [1])

Im Süden der Centralkette erhebt sich die schroffe, bis 6000' hohe Kette der Karawanken, an die sich südöstlich die Kalkalpengruppe der Steirer oder Sulzbacher Alpen, südwestlich die des Terglou-Stockes anlehnt. Von Letzterem zieht sich (unter verschiedenen Namen) eine gewaltige Reihe theils plateau-, theils kettenförmiger Züge nach Südosten und erfüllt den grössten Theil von Krain, Istrien, Kroatien und Dalmatien; selbst die Inseln des Quarnero und Dalmatiens sind nichts anderes als die letzten, ebenfalls südöstlich streichenden und über die

---

[1]) Besonders nach Schaubach: „Die deutschen Alpen" V. B. 1. Stur: „Ueber den Einfluss des Bodens auf die Vertheilung der Pflanzen", Sitzungsber. d. k. k. Akad. d. Wissensch. 1856 u. 57. Neilreich: „Die Vegetationsverhältnisse von Kroatien", herausgegeben von der k. k. zool.-bot. Gesellsch. 1868 und „Flora von Nieder-Oesterreich", Cotta: „Die Alpen" 2. Ausgabe, 1851.

Fluthen erhobenen Vorlagen dieses Felsgebirges, mit dem sie unterseeisch zusammenhängen. Der dem Terglou zunächst liegende Theil dieser Höhen führt den Namen „julische Alpen" und bildet einen breiten Gürtel zwischen dem Thale der Save, dem Meere und dem Isonzo; doch führt er seinen Namen sehr mit Unrecht, denn das von ihm gebildete Plateau erhebt sich höchstens 2000 über das Meer und kaum 1000' über das Laibacherfeld. Der südliche Theil dieses Plateaus oder der Karst (Carso) im engeren Sinne hat etwa eine Höhe von 14—1500' und breitet sich in ermüdender Einförmigkeit zwischen Triest und St. Peter aus; südöstlich vom Karste läuft das Gebirge terrassenförmig aufsteigend vom Westen nach Osten bis 3000' und darüber und bildet die sogenannte Tschitscherei (čičerie), mit welchem Namen Manche auch das ganze Hochplateau von Istrien bezeichnen; der südöstliche Hochpunkt derselben ist der ganz Istrien überschauende Monte Maggiore (4410'); östlich fällt das Gebirge steil ab, gegen Süden aber senkt es sich allmälig zu den beiden Seiten des istrianischen Dreiecks nieder, als dessen Grundlinie man die Tschitschenkette betrachten kann, und verläuft besonders gegen Westen ziemlich flach. Auch auf den Hauptinseln des Quarnero finden sich mehr oder minder hohe Spitzen und Plateaux; so besitzt Veglia den Monte Triskovaz (3678'), Cherso den M. Syss (2016') und das über 1000' erhobene Plateau der „Arabia petraea", Ossero den M. Ossero (1842') und selbst das kleine Pietro di Nembi den Monte Grisina (circa 600'). Noch viel bedeutender sind die uns nicht näher berührenden Hochgipfel des kroatischen Vellebith und die dalmatinischen Felsenkämme.

Diese Hochplateaux und Felsenketten aber bilden kein ununterbrochenes Ganze, sondern werden mehrfach von Mulden und weiten Becken durchschnitten. So schiebt sich im Norden zwischen die Karawanken und die julischen Alpen die grosse, vielgegliederte Ebene von Oberkrain, welche zur Mittel-Tertiärzeit eine tiefe Bucht des ungarischen Meeres war; eine 19 Meile lange Mulde verläuft von Görz durch das Wippachthal und, den Tschitscherboden von der Hochebene des Schneeberges (5673') scheidend, durch das tiefe Reccathal bis zum Dvetroberge, um jenseits desselben als schmaler Kanal durch das Reczina- und Dragathal über Buccari nach Novi zu streichen, stets in südöstlicher Richtung, und eine zweite, noch breitere, in der Mitte aber von einem Karstzweige diagonal durchschnittene Mulde — die Istrianer Mulde — geht durch das eigentliche Istrien vom Fusse des Karstes, ebenfalls in südöstlicher Richtung, bis an die Südostküste bei Albona.

Was nun die Gesteinsart betrifft, so bestehen die Hochplateaux und Felsenkämme durchwegs aus einem hellen, dichten Kalksteine, und zwar herrscht nördlich von Oberlaibach die obere Trias-, südlich davon die Kreideformation. So besteht der Birnbaumerwald, das Waldgebirge des Schneeberges, der eigentliche Karst, der nordwestliche Tschitschenboden, der südöstliche mit dem M. Maggiore, der westliche Istrianerkarst, das kroatische Küstenland u. s. w. ganz aus Hippuritenkalk, an den Rändern desselben und der Mulden aber findet sich der dem jüngeren Eocän angehörige Nummulitenkalk, z. B. bei Opschina am Recca- und Reczina-Thale. Alle diese Kalkgesteine sind untereinander und von den Alpenkalken, als deren südlicher Zweig ja das Ganze gelten muss, in petrographischer Hinsicht nicht bedeutend verschieden und zeigen daher diese Ketten so ziemlich dieselben Erscheinungen wie die Kalkalpenketten der Karawanken, des Dachsteinzuges, der Salzburger, Tiroler und baierischen Alpen, nur dass hier die allen gemeinsamen Eigenschaften noch greller und auffallender hervortreten. Wie am „steinernen Meer" des Dachsteinzuges oder am „todten Gebirg" bei Aussee, so sehen wir auch hier auf den welligen Plateaux unübersehbare, nackte Steinfelder, eckige Felstrümmer, scharfgeschnittene Kämme, schroffe Abstürze, spitz aufragende Kegel, mit Geröll oder Schutt überdeckte Abhänge, tiefe Spalten, kesselförmige „Erdfälle" oder trichterförmige Vertiefungen. Vor Allem aber gleichen sich all' diese Gebirge in ihrem Höhlenreichthum und ihren (unentwickelten) Flusssystemen. Alle diese Kalksteine sind der Einwirkung des Wassers sehr zugänglich, weniger aber in der Weise, wie die Schiefersteine, welche verwittern und fruchtbare Krume bilden, sondern vielmehr nur insofern, als sie, vom Wasser immer mehr zerklüftet und zerbröckelt, in einzelne, grössere oder kleinere Stücke zerfallen, welche dann öde Steinfelder bilden oder, besonders in den Hochgebirgen, als Schutthalden die Felsen umlagern. In diesen Klüften versinkt das atmosphärische Wasser nach kurzem Laufe und sucht sich unterirdisch einen Ausweg, das Plateau selber aber bleibt auf diese Weise oft meilenweit dürr und trocken. So gibt es Gewässer, die plötzlich als starke Quellen hervorbrechen, eine Zeit lang durch eine Mulde fortlaufen, dann wieder ebenso plötzlich versinken, um anderswo wieder aufzutauchen; ein solcher ist die Laibach, welche bei Sagurie als Poik entspringt, bei Adelsberg sich in die berühmte Grotte wirft, bei Planina als Unz aus der prachtvollen Unzgrotte hervorströmt, eine Meile lang in Serpentinen sich herumwindet, und dann wieder in einer Grotte sich birgt, um endlich nach dreistündigem Laufe bei Oberlaibach als Laibach herauszutreten und ihre Fluthen in die Save zu führen. — Andere Gewässer treten gleich anfangs als schiffbare Flüsse aus den tiefsten Stellen der Berge hervor, wie die träge Ischza und Bistra am Rande des Laibacher Moores, wieder andere sind blosse Küstenflüsse, die nach äusserst kurzem Laufe sich in das Meer ergiessen, wie die Reczina bei Fiume oder der gewaltige Timavo bei Duino, auf welchem die Seeschiffe sogar bis zur Quelle fahren; ähnlich brechen am Fusse des M. Maggiore zahlreiche Quellen hervor, von denen das trockene Istrien bewässert wird und kaum minder reichlich sprudeln die Süsswasserquellen am Gestade bei Aurosina, Fiume, und besonders zwischen

Buccari und Buccarizza. — Aehnlich, wie mit den Flüssen, verhält es sich auch bei den Seen; es gibt deren nur wenige oberirdische und die es gibt, sehen wir ohne sichtbaren Zu- und Abfluss, so den Zirknitzer See in Krain, den Cepich-See in Istrien, den Lago di Vrana auf Cherso.

Mit dem öden, trockenen Charakter des Gesteins hängt zusammen das Auftreten der Bora, besonders seitdem durch die selbstsüchtige Unvorsichtigkeit der alten Venetianer die Höhen von dem schützenden Nadel- und Laubwerke grossentheils entblösst wurden. Die furchtbare Gewalt dieses oft orkanartigen, kalten und trockenen Nordostwindes ist nur allzu bekannt und ebenso auch seine verderbliche Wirkung, dass er nämlich die lockere Dammerde, welche auf Kalk ohnehin nur spärlich — in Felsspalten oder tieferen Gründen — sich ansiedelt, grossentheils forttrafft und daher das Anlegen von Fruchtfeldern auf den Plateaux ganz unmöglich macht. In Cherso sind selbst starke Steineichen und Wachholderbäume ob seines Anpralls ganz wagrecht gebogen, ja sogar fast gänzlich geschlossene Meeresbuchten, wie die von Buccari, fühlen sein Wüthen und werfen dann haushohe Wellen. Bevor das Land jene grossartigen Entblössungen getroffen hatten, war das Klima noch etwas feuchter, da bekanntlich die Wälder stets die Feuchtigkeit länger festhalten, jetzt aber ist das Klima trocken, ausserordentlich trocken, besonders auf den Inseln, so dass daselbst öfters mehrere Monate lang kein Regen fällt und da ist nun die Bora der traurige Vermittler und Ausgleicher des grellen Wechsels zwischen plötzlicher Feuchtigkeit und unerträglicher Hitze. Mögen die Bemühungen der wackeren Triestiner, welche die Karsthöhen rings um die Stadt mit Schwarzföhren-Wäldern besetzen, bald auch auf die übrigen Plateaux sich erstrecken und ihnen so das alte Klima wiederbringen!

Dass unter den obwaltenden Umständen die Flora nicht allzu reichlich sein kann, lässt sich leicht ermessen. Ist die Vegetation des Kalkfelsens, gleichviel, wessen Alters er sei, gegenüber dem erfreulichen Grün und den üppigen Matten der Schieferberge, wenn auch reicher an Arten und Seltenheiten, dennoch an Individuenzahl unendlich ärmer, da eben der Kalk schwer verwittert und die Krume meist nur in Felsspalten und tieferen Gründen sich sammelt, so muss sie bei der noch grösseren Zerrissenheit des Kreidekalkes und den steten Angriffen der Bora noch viel kümmerlicher ausfallen und die Pflanzen können sich ausschliesslich nur aus den Xerophilen recrutiren. Von einer ununterbrochenen Wiesendecke kann nirgends eine Rede sein, denn jede Gelegenheit zur Bildung eines nach Stur dazu unumgänglich nothwendigen, aus Kalk-, Kiesel- und Thon-Erde gleichmässig gemischten Bodens fehlt wegen Mangel an Silicatgesteinen gänzlich und auch von Laub- oder Nadelwäldern finden sich nur selten grössere, dichte Complexe. Nur kümmerliches Gesträuch oder verkrüppelnde Waldbäume vermögen sich auf den dürren, wasserlosen

Höhen zu halten und dazwischen spärliches Graswerk, kaum hinreichend für die genügsamen Schafe. Ja manchen Gegenden fehlt auch dieses, und sie würden ganz öde daliegen, wenn nicht die Vorsehung auch dort etwas geschaffen hätte, wohin sich der Mensch mit seinen Werken flüchten kann, die Dolinen. Es sind diess mehr oder minder grosse, kesselförmige Vertiefungen, denen die Bora das Erdreich nicht zu rauben vermochte und in welchen sich daher das zusammensickernde Wasser länger halten kann. Doch sind auch diese meistens noch mit einer schützenden Mauer umfangen, zu welcher man die Steine vom Boden der Doline aufgelesen, und erst der innere Raum, die sogenannte Ograda, zeigt prangende Saaten oder Weinreben. In der Nähe dieser Dolinen, wenn nicht in ihnen selber, sieht man auch oft die Wohnhäuschen, aus grauem Kalkstein aufgeführt und häufig auch mit grauen Kalksteinen gedeckt, als wären sie ebenfalls Karstgebilde. In der vollen, so eben geschilderten Traurigkeit treten uns zum Glücke nur der Karst im eigentlichen Sinne zwischen Sessana und Nabresina, die Tschitscherei und die „Arabia petraea" entgegen. Der sogenannte „Waldkarst" von Laibach bis St. Peter, sowie überhaupt der krainerische Antheil des Karstes ist vielfach bewaldet und seine Weiden sind viel freundlicher, die südlichen, geschützten Abfälle der Gebirge aber, besonders bei Fiume und Triest, sowie ein grosser Theil von Veglia und Ossero sind oft ausserordentlich schön belaubt und durch die Hand des Menschen fast zu einem Paradiese umgeschaffen. Doch ist im ganzen Kalkgebiete, besonders auf den Inseln, der Getreidebau selten, denn das Getreide fordert gleich den Wiesenmatten einen aus den drei Erden gleichmässig gemischten Boden, welchen die Kalkkrume nicht zu bieten vermag; dafür aber gedeiht hier desto üppiger der xerophile Weinstock, die Olive, der Feigenbaum, immergrüne Eichen und andere Südgewächse.

Anders verhält es sich in den oben erwähnten Mulden und dem grossen Tertiärbecken, denn dort ist auch das Gestein ganz ein anderes. Die grosse Ebene ist überdeckt von der gleichmässig gemischten Dammerde der Meeresablagerungen, nur der südlich von Laibach liegende Theil — das Laibacher Moor — wird erfüllt mit recenten Torfbildungen; aus dem Becken aber erhebensich grüne Triasschiefer-Berge, z. B. der Schloss- und der Grosskahlenberg. — Die Mulden und ihre Verbindungskanäle gehören zum Eocän und bestehen aus Mergeln und Sandsteinen; auch bei Triest ist, besonders gegen den M. Spaccato hinauf und längs der Eisenbahnlinie gegen Westen, sehr viel Sandstein aufgeschlossen. Hier entwickelt sich eine ganz andere Flora; denn der leicht verwitternde Sandstein und Schiefer gibt seines thonig-kiesigen Gehaltes wegen eine reiche, fruchtbare Dammerde und besitzt eine beträchtliche Feuchtigkeit, wesshalb er sich mit hygrophilen Pflanzen bevölkert und sich über ihm eine freudig grünende, üppige Decke bildet oder hohe schattige Laubbäume ihre Kronen erheben. So ist diese Flora reich an Individuen, aber arm an eigenthümlichen Arten und Seltenheiten. Die Dammerde ist, da die Mulden und das Becken von den Kalkhöhen mit Kalkerde reich versorgt wurden, mit allen drei Erden hinreichend versehen und so sind diese Mulden gleich dem grossen Becken auch der Hauptsitz des Getreidebaues; selbst das Moor wird allmälig durch das fortwährende Ausbrennen und Kanalisiren entsumpft und in eine fruchttragende Fläche verwandelt.

Nach Bartling's Dissertatio de littoribus et insulis maris liburnici theilt sich die Flora der von uns besuchten Länder in drei Regionen, die der Myrthe, der Manna-Esche und der Buche-Fichte, welch' letztere er die *alpestre* nennt. Die beiden ersten Regionen gehören der Mittelmeerflora an, die dritte aber umfasst die inneren Hochplateaux und die Gebirge. In der ersten sind die immergrünen Laubhölzer zu Hause, besonders also die Myrte, welche der Region den Namen gab, verschiedene Eichen, Cistusarten, Pistaceen, Phyllyreen, Lorbeer, Olive, Feige und andere, von Nadelhölzern besonders die acclimatisirte Pinie, Cypresse, rothbeerige Wachholderbäume, in den Gärten Citronen-, Caroben-, Granatäpfel-, bisweilen sogar Dattelbäume. In diese Region gehören unsere Excursionen auf Cherso, Ossero, Oriule, Pietro di Nembi, von Pola bis Promontore, theilweise auch schon Veglia. Die zweite Region umfasst meist nur sommergrüne Laubbäume und in ihr findet sich vor Allem die Manna-Esche, die Flaum- und Zerr-Eiche, die Hopfen- und die Duiner Buche, die echte Kastanie, der Perrückenstrauch und der äusserst gemeine *Paliurus*; doch reichen manche der ersten Region, besonders Oel- und Feigenbäume, auch in diese herein. Zu dieser Region gehört der grösste Theil von Istrien nördlich von Dignano und das eigentliche Littorale, somit die von uns besuchten Umgebungen Fiume's, Triest's, San Marco und Veglia. In diesen beiden Regionen sind besonders vertreten die Formen der Labiaten, Asperifolien, Papilionaceen, die besonders im Sommer charakteristischen der Umbelliferen und Disteln, in der zweiten auch die der Liliaceen. Sie sind ferner der Sitz des Feigen-, Oliven- und Weinbaues, aber es fehlen ihnen, besonders der ersteren, dichte, hochstämmige Wälder und saftig-grüne Wiesen fast gänzlich, die Höhen sind meist mit Buschwerk besetzt und von sonnigen Gras- oder Steinflächen unterbrochen. In pflanzengeographischer Hinsicht gehören sie zur „wärmeren, gemässigten Zone." Die dritte Region endlich trägt ganz mitteleuropäischen Charakter und enthält daher die bei uns gewöhnlichen Waldbäume, z. B. Buchen, Hainbuchen, Tannen, Fichten, an der Grenze natürlich noch gemischt mit manchen südlichen Formen. In dieser Region haben wir nur sehr wenig gesammelt und zu ihr dürfte aus unserer Reise bloss der Uebergang über die „julischen Alpen" und die Umgebung Laibach's gehören. Pflanzengeographisch gehört sie zur „kälteren, gemässigten Zone" oder zur „kühlen Region."

Betrachten wir noch die von uns gesammelten Pflanzen nach der Verschiedenheit des Standortes, so gehören die meisten in die „Vegetationsform der steinigen oder felsigen Hügel und buschigen Stellen," mit welcher in diesem Gebiete die „der Weiden" so ziemlich zusammenfällt, ferner in die „des bebauten Landes", da die Aecker, Weingärten und Olivenpflanzungen überaus reich an seltenen Pflanzen — natürlich meist Unkraut — sind, dann in die „der unfruchtbaren Raine und wüsten Plätze", deren es im Ganzen wohl gar viele gibt, besonders die Anschüttungen bei Fiume und die Umgebung des Städtchens Ossero; die „der Wälder", wozu theilweise die Umgebung von Fiume, das „Boschetto" auf Veglia und der „Kaiserwald" bei Pola gehört; die „des Seestrandes" mit den eigenthümlichen Salzpflanzen; die „der Wiesen", die wir in grösserer Ausdehnung nur bei Laibach und am Prà grande bei Pola fanden; endlich die höchst spärliche „der Sümpfe", nämlich ebenfalls bloss bei Laibach und stellenweise auf Veglia. Ich unterlasse es, die in jede dieser Formen einschlägigen und oft in andere Formen überspringenden Pflanzen zu nennen, da ich sie auf meiner späteren Reiseschilderung wiederholen müsste und gehe nun über zur eigentlichen Arbeit, nämlich zur chronologisch-topographischen Aufzählung der auf unserer Reise gesammelten oder wenigstens notirten Pflanzen und Käfer. Ich werde das Ganze in einzelne, möglichst selbstständige und abgerundete Theile zerlegen und auch stets den Gesammt-Charakter des Terrains in einigen Zügen skizziren. Möge die Arbeit ein tauglicher Beitrag werden zu einer künftigen Flora Illyriens.

1. Laibach.

Nach Krain, dem ersten Ziele unserer botanischen Thätigkeit, drangen wir durch die Thermopylen, welche dieses Land mit der benachbarten Steiermark verbinden. Wer ist vor diesen schauerlichen Felsenzinnen mit ihren kahlen, weissgebleichten Wänden und ihren grotesken, fantastischen Formen, welche von Steinbrück bis gegen Littay fast ununterbrochen in gleicher Grossartigkeit sich aufbauen, nicht erschrocken, wenn die Locomotive eilenden Fusses an ihnen vorüberflog und tief unten die Save in unheimlicher Schnelle ihre grünlichen Fluthen wälzte! Und doch war für uns ihr Anblick froh und herzerhebend; war ja diese Enge das Thor zum Süden und hatte ja auch hier der Lenz seinen Einzug gehalten und selbst den harten Felswänden manches seiner Blütenkinder aufgedrungen. So sahen wir in Menge von den Wänden das blaue Elfengras (*Sesleria coerulea* Ard.) heruntericken oder die gelben Blüthen des Wundklees (*Anthyllis Vulneraria* L.), des *Leontodon incanus* Schrk. und der brillenschotigen *Biscutella laevigata* L., ja der haarige Ginster (*Genista pilosa* L.) überzog sogar weite Strecken mit seinen goldigen Blüthen; am gewinnendsten aber lachten uns entgegen die tausend und aber tausend Purpurblüthen des Haidenröschens (*Erica carnea* L.) und die zwar blätterlose, dafür aber mit zahlreichen, milchweissen Blumen übersäete Felsenmispel (*Aronia rotundifolia* Prs.); hie und da neben den seltenen Häuschen winkte auch das zarte Laub des Weinstocks oder die Rosablüthen des Pürsichbaumes. Bei Sava blieb ob der steten Steigung der Weinstock zurück, aber auch die Felsen begannen allmälig zu weichen und statt des kleinen Strüppwerks auf kahlen Höhen erhoben sich auf den grünen, sanft gerundeten Hügeln Erlen, Eschen und stattliche Buchen, bis auch diese schwanden und wir die weite, reich bebaute, von den hohen, südlichen Kalkalpen umstandene Ebene durcheilend nach Laibach kamen.

Unser erster Gang galt dem Laibacher Felde an der Westgrenze der Hauptstadt. Wir promenirten durch den Stadtpark, welcher seinen Schatten gleich dem Grazer Glacis prächtigen, wilden Kastanienbäumen verdankt und kamen in der Nähe des freundlichen Schlosses Tivoli in's Freie. Meine Hoffnung auf reiche Ausbeute wurde aber sowohl hier als auch längs des nahen Waldsaumes arg betrogen. Mag die im Allgemeinen zurückgebliebene Entwickelung, oder der tertiäre Bodencharakter, oder die Nähe der Cultur, oder Alles zusammen daran Schuld gewesen sein, genug, wir fanden fast durchgehends nur Gemeines und auch von diesem nicht gar Vieles: [1]) *Viola canina L., *Cytisus hirsutus L., *Peucedanum Oreoselinum* Mnch., *Galium vernum L., **Valerianella olitoria* Poll., *Centaurea axillaris* W., **Symphytum officinale* L., **Lysimachia punctata* L., **Euphorbia verrucosa* Lam. und *Salix aurita L.

Von da gingen wir in den neben der Tirnauer Vorstadt gelegenen Stadtwald, einen kleinen, trotz vielen gegentheiligen Bemühungen noch immer sehr sumpfigen und daher für Botaniker viel versprechenden Stieleichenwald. Wir trafen hier auch wirklich mehrere interessante Sumpfpflanzen, besonders die sehr häufige, aber meist schon verblühte *Fritillaria Meleagris* L., die nicht minder gemeine *Viola uliginosa Schrad. und das ebenfalls häufige **Leucojum aestivum* L. Ausserdem eine ziemliche Menge von Riedgräsern (*Carex Davalliana Sm., *stricta Good., †*glauca* Scop., *distans L.), einige Weiden (*S.* *†*amygdalina* L. v. concolor, †*cinerea* L.), **Ranunculus auricomus* L., *Orchis Morio L., *Hypnum cuspidatum* L. und *aduncum* L.

Von da durch die Tirnauer Vorstadt zur Cesta na grad und auf den Schlossberg. Im Sommer mag dieser Berg des Botanikers Mühe reichlich lohnen, denn die Kunst hat sich an ihm noch wenig versucht

---

[1]) Die mit Sternchen versehenen Phanerogamen waren in Blüthe. die mit † bezeichneten durchwegs oder doch theilweise in Samen, *† = blühende nebst schon in Samen stehende, die übrigen noch nicht blühend oder bloss in Wurzelblättern; die unmittelbar aneinander gereihten sind nach Koch's Synopsis geordnet.

und die Natur hat ihn, wie alle Schieferberge, mit einer dichten Decke grüner Pflanzen überzogen. Uns gegenüber aber war er weniger freigebig und mag diess wohl ebenfalls die Jahreszeit verschuldet haben. Wir trafen beim Hinaufgehen †*Draba verna* L., *Lepidium ruderale* L., **Stellaria Holostea* L. und *media Vill., **Potentilla rupestris* L., *argentea* L., *Geranium molle L., *Poa bulbosa L. v. *vivipara*, *annua L. und von der Spitze gegen den Dom hinunter noch **Sisymbrium Alliaria* Scp., *Acer campestre* L., **Saxifraga tridactylites* auf Mauern, **Adoxa Moschatellina* L., *Lamium Orvala L., *Arum maculatum L., endlich †*Galanthus nivalis* L. und *Scilla bifolia L.

Somit ist unsere Ausbeute aus der Umgebung Laibach's erschöpft, denn die Partie in das pflanzenreiche Ischkathal, welche wir uns auf die Rückreise verspart hatten, musste in Folge des anhaltend schlechten Wetters unterbleiben.

2. Ueber das Karstplateau.

Von Laibach geht der Schienenweg lange Zeit über grüne Felder, welche grünbelaubte Hügel umrändern, hinaus zum Moore und quer durch die weite, ebenfalls grüne oder stellenweise blossgelegte Moorfläche hinüber nach Franzdorf. Von da begann sich der Weg allmälig zu heben und bald umschloss uns ein dichter, stämmiger Tannenwald, in dessen Schatten wir nicht selten die krainerische **Scopolina atropoides* Schlt., sehr häufig den Zwergbollunder (*Sambucus Ebulus* L.), äusserst gemein aber die herrliche *Omphalodes verna Mnch. mit ihren grossen azurblauen Blüthen zu schauen bekamen. Dieses niedliche Blümchen begleitete und entzückte uns noch mehrere Stationen weit durch den „Waldkarst" bis über Rakek hinaus, und ausser ihm notirte ich noch andere Seltenheiten, nämlich **Hacquetia Epipactis* DC., *Thlaspi praecox Wlf. und um Rakek *Euphrasia lutea* L. Endlich lag die Passhöhe der „julischen Alpen" (circa 1900') hinter uns und wir hielten ob Adelsberg, dessen Schlossberg wir zu besuchen gedachten.

Auch seine Flora war noch weit zurück und so erschienen die ohnehin ziemlich kahlen Kreidefelsen noch viel kahler und öder. Wir stiegen unmittelbar vom Markte auf und fanden an dem häufigen Steingemäuer *Sedum hispanicum* L., *sexangulare* L., **Saxifraga tridactylites* L., *Hymenostomum tortile* Jur., *Barbula muralis* Hdw., *Grimmia apocarpa* Hdw. und *Orthotrichum anomalum* Hdw. Der Berg selber bot †*Helleborus dumetorum* Kit., *Arabis arenosa Scp., *Thlaspi praecox Wlf., **Geranium dissectum* L., *Cytisus hirsutus L., *Prunus Mahaleb L., *Potentilla verna L., *hirta L. γ *pedata* Wlld., **Poterium Sanguisorba* L. v.? *polygamum* W. K., **Aronia rotundifolia* Prs., *Eryngium amethystinum* L., *Peucedanum Oreoselinum* Mnch., *Gentiana aestiva R. et Sch., *Myosotis *hispida* Schlechtend., **Teucrium Chamaedrys* L., **Globularia vulgaris* L., *Daphne alpina* L. (ganz unentwickelt), **Aristolochia pallida* Wlld., **Mercurialis ovata* St. u. Hpp., *Orchis mascula L., *Carex Michelii Hst., *Poa bulbosa L. und *Asplenium Ruta muraria* L. Am Wege zur Grotte, die wir spät Abends besuchten, auch noch *Lamium Orvala L.

Am nächsten Morgen fuhren wir durch die weite, ob ihres Getreidebaues — vornehmlich Weizen und Mais — berühmte Hochebene nach St. Peter. Die steinigen Hügel, welche die Felder umsäumten und den Schafen treffliche Weide boten, waren geschmückt mit zahllosen Blüthen des weissen *Thlaspi praecox* Wlf., der gelben *Potentilla verna* L., der blauen *Gentiana aestiva* R. et Sch. und der schwarzvioletten *Anemone montana* Hppe. Zu St. Peter erwarteten wir Herrn v. Tommasini, der mit dem Morgentrain von Triest heraufkam, und nach freudiger Begrüssung ging es nun über den eigentlichen Karst südostwärts gegen Fiume. Die Gegend wurde allmälig immer öder und mehr und mehr stellten sich jene Erscheinungen ein, welche dem Karste seinen traurigen Ruf erwarben und die ich in der allgemeinen Uebersicht sattsam behandelt habe. Um uns das Hochplateau noch mehr zu verleiden, überschüttete uns der Himmel auch mit einem gewaltigen Hagelwetter, dessen Geschosse zuletzt Alles ringsum bedeckten. Eine freudige Ueberraschung bot die eocäne Rekkamulde, wo statt der steinigen Hügel saftiggrüne Wiesen oder braune Aecker, statt der spärlichen Zerr-Eichen (*Quercus Cerris L.) aber schönlaubige Baumgruppen — meist von Schwarzpappeln. Hainbuchen, Buchen, Grau-Erlen, Manna-Eschen und Eichen — uns entgegentraten; bei Elschane auch prächtige Obstbaumpflanzungen, eine Schöpfung des dortigen Pfarrherrn. An Pflanzen nichts besonderes: Hie und da *Orchis Morio L., auf Rainen **Euphorbia Cyparissias* L. und andere gewöhnliche Arten der Sandsteinflora. — Jenseits der Rekkamulde aber begann wieder der Karst und zwar noch viel öder und trauriger als zuvor, bis er endlich in seiner vollen Schrecklichkeit auftrat und das ganze Land einem bleichen, fleischlosen Gerippe glich. Aeusserst selten begegnete uns eine kleine Gruppe von Zerr-Eichen oder Schwarzpappeln, eben so selten auch eine Doline. An minderen Pflanzen notirte ich bloss die immer gleich schöne *Anemone montana Hpp. und **Scorzonera austriaca* W. — So mochte es wohl eine gute Weile gedauert haben, da ward es allmälig wieder freundlicher. Häufiges Strauchwerk, in welchem Nachtigallen schlugen, Manna-Eschen, Eichen traten auf und die Dolinen wurden häufiger. Einige davon glänzten gleich grünen Smaragden, andere waren mit Weinreben bepflanzt, den Ersten seit Sava. In einem Gebüsche, welches wir flüchtig durchsuchten, fand sich eine ziemliche Menge interessanter Pflanzen: Vor Allem die wunderschöne **Paeonia peregrina* Mill., die muthmassliche Stammpflanze unserer Pfingstrosen, **Thalictrum aquilegifolium* L., †*Helleborus dumetorum* Kit., **Corydalis ochroleuca* Kch.,

Moehringia muscosa L., *Geranium sanguineum* L., *Potentilla alba* L., *Symphytum tuberosum* L., *Veronica Chamaedrys* L., *Pedicularis acaulis* Scp., *Thymus Serpyllum* L., *Satureja montana* L., *Aristolochia pallida* Wlld., †*Carex tomentosa* L. und Moose, ausser oben genannten noch *Barbula unguiculata* Hdw. und *Grimmia apocarpa* Hdw.

Hier ist das Ende des Karstplateaus erreicht und da auch der Titel dieses Abschnittes nicht weiter reicht, so muss ich abbrechen und einen neuen beginnen:

3. Das Littorale um den Golf von Fiume.

Wie das Herz des Menschen beim Anblicke des Meeres aufjauchzt, welches in seiner vollen südlichen Schönheit um Fiume sich ausbreitet, so scheint auch die Natur darüber aufzujubeln und wird in ihrer hohen Freude selber schön und herrlich. Wohl ist der Boden mit dem bisher betretenen identisch und das Kreidegestein blickt uns auch hier nicht selten schroff entgegen, aber die übrigen Factoren haben sich gänzlich verändert: Südliche Lage, Schutz vor dem Winde, unermüdlicher Fleiss der Anwohner, milde Seeluft — Alles wirkt zusammen, um diesen Küstenstrich zu einem der schönsten auf Gottes Erde, zu einem wahren Paradiese zu machen. Wir haben einen grossen Theil dieses Gebietes durchschaut, nämlich die reich cultivirte Strecke von Castua oben am Rande des Karstplateau's bis hinab nach Fiume, ferner die Wälder zwischen Fiume und Volosca, das herrliche Dragathal ostwärts von Fiume, endlich die Umgebung von Buccari und Buccarizza bis Porto Rè. Fast alle diese Partien prangten in gleicher Frühlingsschöne, nur ostwärts vom Dragathale tritt das kahle Gestein, besonders auf den Höhen, grell hervor und macht sie bloss als Schafweiden benutzbar, doch wird auch dort, freilich mit unsäglicher Mühe, allmälig fruchtbares Erdreich aufgeführt und der kalkliebende Weinstock schlägt daselbst schon an vielen Stellen kräftige Wurzeln.

Das Reizendste von Allem waren für uns als Floristen natürlich die noch unentweihten Waldhaine, besonders die von mir und Dr. Kriechbaumer durchwanderten Höhen zwischen Fiume und Volosca. Da fanden wir als Hochbäume vorzüglich die beiden Königinnen dieses Gebietes, die majestätische Flaumeiche (*Quercus pubescens* Wlld.) und die weissstraussige Manna-Esche (*Fraxinus Ornus* L.), dann einen kaum minder hohen, dunkelblättrigen Ahorn (*Acer monsspessulanum* L.), *Ostrya carpinifolia* Scp., *Carpinus duinensis* Scp., *†Populus nigra* L., ferner als Unterholz die rothblättrige *Pistacia Terebinthus* L., den grünlich blühenden Perrückenstrauch (*Rhus Cotinus* L.), den weissblätterigen Mehlbeerbaum (*Sorbus Aria* Crtz.), den rothbeerigen, oft baumartigen *Juniperus Oxycedrus* L., das Pfaffenkäppchen (*Evonymus europaeus* L.), die

Steinweichsel (*Prunus Mahaleb L.), die goldigblumige Kronwicke (*Coronilla Emerus L.), *Rhamnus infectoria L. v. adriatica Asch., Paliurus aculeatus Lam., seltener *Silberweiden und *Weissdorn. Unter ihren Fittichen wuchs eine ebenfalls höchst interessante, theils farbenprächtige, theils unscheinbare, oft arg mit Stacheln bewehrte Flora: *Hippocrepis comosa L., *Lathyrus Cicera L., *sphaericus Retz, *Orobus albus L. β versicolor Kch.. *Dictamnus Fraxinella L., Chrysanthemum corymbosum L., *Centaurea montana L. u. v. *axillaris Wlld., *Crepis vesicaria L., *Cynanchum contiguum Kch. (Rchb. Abb. MLXXIII. Taf. 27. I.), *Melittis Melissophyllum L. v. albiflora, wahrscheinlich identisch mit M. nivea Kerner von Runkelstein bei Bozen etc., deren Kelche meist etwas kahler sind; *Euphorbia Cyparissias L., Smilax aspera L. mit vorjährigen Früchten, *Tamus communis L., *Ruscus aculeatus L., *Asparagus tenuifolius Lam., Asphodelus liburnicus Scp., *Limodorum abortivum Sw. (ein einziges Exemplar gegen Volosca), auf einigen Waldwiesen auch häufig *Orchis Morio L. und *Ophrys apifera Hds.

Diese Wälder und die darin wachsenden Blumen waren auch von zahlreichen Insekten bevölkert, aus denen ich mir besonders die Käfer ausersah, während Herr Kriechbaumer sich mit den übrigen zu schaffen machte. Ich fand (gegen Volosca) an Bäumen und Sträuchen: *Melolontha vulgaris* Fabr., *Epicometis hirtella* L., *Diacanthus latus* Fabr. (1) *Cistela nitidula*, *Attelabus curculionoides* L., *Cleonus ophthalmicus* Rossi *Otiorrhynchus goerzensis* Herbst, *geniculatus* Germar, *mastix* Oliv., *Polydrusus Picus* Fabr., *sericeus* Schaller (diese beiden besonders gemein auf Flaumeichen), *Balaninus turbatus* Schönh., *Bruchus nigripes* Dahl. (1), *Lachnaia longipes* Fabr., *Cryptocephalus flavipes* Fabr., *nitens* L., *Luperus flavipes* L., *rufipes* Fabr., *Coccinella variabilis* Illig., *mutabilis* Scriba, *Halyzia bis-sex-guttata* Fabr., *Chilocorus bipustulatus* L., *Scymnus capitatus* Fabr.; auf Blumen: *Anthaxia nitida* Rossi, *sepulchralis* Fabr., *Mordella grisea* Froehlich, *Clytus mysticus* L., *Pachyta collaris* L.; längs der Strasse nach Volosca fliegend eine ganz kleine *Cicindela campestris* L., laufend *Dorcadion pedestre* L., unter Steinen *Ocypus cyaneus* Payk., *Opatrum sabulosum* L., *Pedinus helopioides* Germ., *Chrysomela limbata* Fabr., endlich unter Pferdemist *Copris lunaris* L., *Onthophagus semicornis* Pz., *Sisyphus Schaefferi* L., *Ammoecius brevis* Erichson, *Aphodius prodromus* Brahm. und *nitidulus* Fabr.

Auf bloss buschigen oder steinigen Hügeln fand sich ausser manchen der schon genannten *Aethionema saxatile* R. Br., *Polygala vulgaris* L., *Corydalis ochroleuca* Kch. (ob Buccari), *Drypis spinosa* L. (ebenfalls bei B.), *Senecio lanatus* Scop. (gegen Castua), *Carduus nutans* L., *Helichrysum angustifolium* DC., *Smyrnium perfoliatum* Mill. (im Dragathale); *Campanula pyramidalis* L.. *Salvia officinalis* L., *pratensis* L., *Teucrium Polium* L., †*Primula officinalis* Jcq. v. *suaveolens* Bert. (ob Buccari),

*†*Euphorbia fragifera* Jan., **Aristolochia Clematitis* L., **Rumex pulcher* L. und **scutatus* L., beide häufig um Buccari, **Ornithogalum umbellatum* L. v. *tenuifolium* Guss. (besonders von Buccarizza nach Porto Rè) und †*Stipa pennata* L. An Meeresfelsen gegen Buccarizza noch *Cakile maritima* Scp. und in Strassengräben gegen Volosca, Buccari etc. sehr gemein *Nasturtium lippicense* DC. Die felsigen Partien ob Buccari, sowie der Aufstieg von Buccarizza nach Porto Rè brachten wir auch mehrere Moose: *Hymenostomum tortile* Jur., *crispatum* Jur., *Trichostomum mutabile* Schmp., *Barbula unguiculata* Hdw., *tortuosa* Web. et Mohr, *intermedia* Brid. (= *ruralis* Hdw. β *rupestris* Br. eur.), *muralis* Hdw., *Orthotrichum anomalum* Hdw., *Anomodon viticulosus* Hook. et Tayl., *Eurhynchium circinnatum* Schmp., an Flechten *Thalloidima vesiculare* Hffm.

Die nächste Umgebung von Fiume ist, wie schon Dr. A. Reuss fil. im 18. Bande dieser Verhandlungen erwähnte, wegen der hohen, die Weinberge und Gärten umsäumenden Mauern dem Botaniker nicht allzu günstig, doch bieten selbst diese Mauern mehrere interessante Pflanzen, nämlich das blutrothe, häufig verwilderte **Antirrhinum majus* L., die gewaltige *Campanula pyramidalis* L., *†*Oxalis corniculata* L., **Parietaria diffusa* Mk., die höchst gemeine *Grammitis Ceterach* Sp., *Asplenium Trichomanes* L. und mehrere der oben genannten Moose. Oefters waren sie auch von Schlinggewächsen umrankt, ausser der Weinrebe vorzüglich von Epheuguirlanden oder der *Bryonia alba* L.? Einen interessanten, allerdings nicht ewig dauernden Fundort bot die Stadt selber in ihren Anschüttungen zur Errichtung des Bahnhofes. Wir trafen da eine ziemliche Menge wohl meist gemeiner und unschöner Schuttpflanzen: **Ranunculus arvensis* L., *†*Diplotaxis tenuifolia* DC., **Alyssum calycinum* L., **Lepidium Draba* L., *†*campestre* R. Br., **Reseda lutea* L., **Silene inflata* Sm., *Arenaria serpyllifolia* L., *†*Geranium rotundifolium* L., *†*molle* L., **columbinum* L., *†*robertianum* L., *†*Medicago minima* Lam. v. *graeca* Horn (= *mollissima* Spr.), **Trigonella corniculata* L., **Trifolium procumbens* L., **Lotus corniculatus* L. γ *hirsutus* Kch. (= *L. villosus* Thuill.), **Hippocrepis comosa* L., *Eryngium campestre* L., *†*Scandix Pecten Veneris* L., **Galium Aparine* L., *†*Cynoglossum cheirifolium* Scp., **Scrophularia canina* L. (= *chrysanthemifolia* M. B.), **laciniata* W. K., **Ajuga reptans* L. v. *albiflora*, *Plantago serpentina* Lam., *†*Euphorbia fragifera* Jan., **Carex divulsa* Good., †*distans* L., *Cynodon Dactylon* Prs., *Avena hirsuta* Rth., **Festuca ovina* L. α *vlg.*, *Bromus sterilis* L. und *Hordeum murinum* L.

Am interessantesten für jeden Nordländer, besonders den Nicht-Botanischen, sind ohne Zweifel ob ihrer zahlreichen Südformen die Cultur-Anlagen, welche die Menschen allhier geschaffen haben und so mag es erlaubt sein, auch diese in Kürze zu besprechen. Welch' malerischen, nach der öden, traurigen Karstwüste völlig entzückenden Anblick gewähren vor Allem die Weinberge in ihrer netten Rebenordnung und ihrem

saftiggrünen Gelaube! Die Reben stehen alle schnurgerade, in Reih und
Glied zu Hecken gezogen — ein Mittelding zwischen der deutschen Sitte,
welche sie an Stöcke schmiedet, und der italienischen, welche sie an
hohen Bäumen hinaufzieht. Ihre Produkte, besonders die Traube von
Costrena, sind sehr gesucht wegen ihres milden Feuers, ebenfalls der
goldenen Mitte zwischen den matteren deutschen und den gluthreichen
Insulaner Weinen. Zwischen den Hecken lachen hochaufgeschossene
Weizensaaten oder blühende Erbsenfelder (*Pisum sativum* L.); den noch
übrigen Raum erfüllen zahlreiche Fruchtbäume der südlichen Zone, vor
Allem der grossblättrige Feigenbaum, der besonders in der Umgebung
von Porto Rè prächtige, weit berühmte Früchte trägt, ausserdem der
weisse *Maulbeerbaum, dessen häufiges Vorkommen auf lebhaften Betrieb
der Seidenzucht uns schliessen lässt; hohe, blühende Kirschbäume, duf-
tendes *Lorbeergesträuch, der traubenbehangene Goldregen (*Cytisus
Laburnum* L.) — Alles dieses umgeben von grauen, malerischen, oft mit
Epheu überrankten, oder auf der Höhe mit dem furchtbaren *Paliurus*
bewehrten Mauern. Tiefer am Meere begegnet uns die häufig gepflanzt',
ehrwürdige Olive, vereinzelt auch die dunkelgrüne Pinie, die trüb aufragende Cypresse und der schwarze Maulbeerbaum. Als Alleebäume
endlich um die Stadt bieten uns ihren kühlen Schatten mächtige *Ross-
kastanien, abendländische *Platanen, *Robinien *Schwarzpappeln, *Nuss-,
*Maulbeer- und Zürgelbäume (*Celtis australis* L.).

4. Das Reczina-Thal.

Oben am Karste, an der Grenze von Kroatien und Istrien, entspringt
die Reczina, ein ungestümer Gebirgsfluss, der das gleichnamige Thal seiner Länge nach durchströmt und sich nach einem Laufe von $2^1/_2$ Meilen
unmittelbar bei Fiume unter dem Namen Fiumera in den Golf ergiesst.
Da nur die Felsränder des Thales aus Kreidekalk bestehen, die Thal-
mulde selber aber zur eocänen Formation gehört und grossentheils von
Sandsteinkrume erfüllt wird, so ist seine Flora als hygrophile von der
des Küstenstriches nicht unbedeutend verschieden und mag es daher besser
sein, dieselbe gesondert abzuhandeln. Um dieses Thal zu erreichen, muss
man lange Zeit zwischen steilen, gigantischen Felsenwänden auf der
herrlichen Luisenstrasse und hoch ob dem schäumenden Flusse fortschrei-
ten, bis endlich ein Weg nach links abzweigt und man über eine furcht-
bar schön situirte Brücke dasselbe betritt. An den Kalkwänden bis hieher
fand sich *Arabis Turrita* L., *Aethionema saxatile* R. Br., *Coronilla
Emerus* L., *Aronia rotundifolia* Prs., *Hieracium laevigatum* Wlld. (eine
ob des Standortes seegrüne, schmalblätterige Varietät des *murorum* L.),
und *Sesleria elongata* Host, an Wegrändern besonders gemein *Helichrysum angustifolium* DC. und *Scrophularia laciniata* W. K.

Das Thal selber bildet eine reizende Idylle: Ringsumher Felder, Weingärten, stattliche Frucht- oder Waldbäume, grünumkleidete Hügel und darüber kahlere Felshöhen, in der Mitte aber die fröhliche, glattwellige Reczina, an deren Rande sich mehrere grossartige Mühlen erheben. Hinter der letzten treten die Felswände wieder zusammen und nur durch eine schmale Spalte zwängt sich das Flüsschen hindurch, wobei es eine Reihe netter, weisser Kaskaden bildet. Wir stiegen eine ziemliche Weile an den Geländen herum, meist im Schatten hoher Zerreichen, Ahornbäume (*Acer monsspessulanum* L. und *campestre* L.), Hainbuchen (*Carpinus Betulus* L.), *Manna-Eschen, *Mehlbeerbäume, *Therebinthen, *Haselnussstauden und strauchiger Kronwicken (*Coronilla Emerus* L.); die buschigen, üppig bewachsenen Hügel und Waldwiesen boten, besonders gegen die Luisenstrasse hinauf: *Barbaraea vulgaris* R. Br., *Peltaria alliacea* L., *†Thlaspi perfoliatum* L., *Cerastium triviale* Lnk. und *silvaticum* W. K., *Geranium sanguineum* L., *Vicia grandiflora* Scp. α *Scopoliana* Kch., *† *Orobus vernus* L., *Geum urbanum* L., *Anthriscus silvestris* Hffm., *Smyrnium perfoliatum* Mill., *Aposeris foetida* Lss., *Pulmonaria officinalis* L., *Lithospermum purpureo-coeruleum* L., *Galeobdolon luteum* L., *Euphorbia dulcis* L. α *lasiocarpa* (nicht die als hier vorkommend angegebene, kahlfrüchtige β *purpurata*), *verrucosa* Lam., *Orchis laxiflora* Lam., *variegata* All., *fusca* Jcq., *Ophrys apifera* Hds., *Listera ovata* R. Br., *†Muscari racemosum* Mill., *Festuca ovina* L.; auf Felsen und Schutt vor den Mühlen häufig *Corydalis ochroleuca* Koch, *Parietaria erecta* M. K. und besonders gemein *Lepidium Draba* L. Diese Pflanzen gehören fast durchgehends zur Sandsteinzone oder siedeln sich wenigstens auf der durch diesen Stein gebildeten, dichten Humuslage mit Vorliebe an und bilden einen überraschend prächtigen, durch hohen Wuchs und Ueppigkeit bezaubernden Anblick, aber, wie ich oben in der Uebersicht gesagt, wenig eigenthümliche Arten, wenig Raritäten.

An Käfern fand sich im Reczinathale ebenfalls wenig Besonderes: Auf Gesträuchen *Epicometis hirtella* L., *Oxythyrea stictica* L., *Cantharis rustica* Fallen, *Omophlus lepturoides* Fabr., *Lixus Myagri* Oliv., *Otiorrhynchus goerzensis* Herbst, *Molytes coronatus* L., *Phyllobius sinuatus* Fb., *Phytoecia affinis* Pz. (1); auf Blumen *Malachius spinipennis* Germ., *Trogoderma versicolor* Creutzer, *Crioceris merdigera* L. Längs der Luisenstrasse: *Aphodius prodromus* Brahm., *Oxytelus inustus* Grav. (sehr häufig) und ein prächtiger *Carabus catenatus* Dfs. Herr Kriechbaumer hatte das Glück, hier auch die niedliche *Ptosima novemmaculata* Fabr. in mehreren Exemplaren zu finden.

5. Scoglio di San Marco.

Dieses Felseneiland liegt südöstlich von Fiume in der Mitte zwischen Veglia und dem Festlande von Kroatien, zu dessen Florengebiete es gerechnet wird; es bildet ein langschenkeliges Dreieck, das mit den Ufern der beiderseitigen Umgebung ziemlich parallel läuft und seine Basis gegen Fiume wendet, während die Spitze nach Südosten zum Canale della Morlacca hinunterschaut. Das Inselchen entbehrt noch der immergrünen Pflanzen, wie sie die meisten quarnerischen und dalmatinischen Inseln besitzen, und zeigt einen ziemlich kahlen, stellenweise sogar höchst traurigen Charakter; es erhebt sich von Nordwesten gegen Südosten, fällt gegen Südwesten steil und felsig ab, gegen Norden aber verflacht es sich und verliert daselbst fast gänzlich seinen Pflanzenwuchs. Auf ihm findet sich weder Baum, noch Haus, noch irgend welche Spuren des Anbaues — es dient bloss als Weideland für die Schafe — aber durch die botanischen Forschungen der Engländerin Madame Smith ist es berühmt geworden und so wandten auch wir ihm frohen Herzens unser Schiffchen zu, das wir in Porto Rè gemiethet hatten. Schon ist der gleich einem Gürtel es umschlingende Felsenwall erklettert und suchend stiegen wir gegen die Höhe empor, wobei wir zwischen den zahllosen „Teufelsdörnern" (*Paliurus aculeatus* Lam.) uns mühsam hindurchwinden und eine Menge spitz aufragender Kalktrümmer überspringen mussten. Doch die Mühe lohnte sich. Ausser dem *Paliurus* fand sich an Strauchwerk der soeben blühende Weissdorn (*Crataegus monogyna* Jcq.), *Lonicera etrusca* Savi, *Rhus Cotinus* L., *Rhamnus infectoria* L. v. *adriatica* Asch. und *rupestris* Scp., und zwischen ihnen eine zwar nicht üppige, aber höchst interessante Flora: *Arabis hirsuta* Scp., *†Hesperis laciniata* All. (nicht = *runcinata* W. K.), *Peltaria alliacea* L., † *Thlaspi praecox* Wlf., *Ruta divaricata* Ten., *Genista ovata* W. K., *Hippocrepis comosa* L., *Pisum elatius* M. B., *Spiraea Filipendula* L., *Eryngium campestre* L., *Leontodon saxatilis* Rchb., *Galasia villosa* Cass., *Hieracium Pilosella* L. α *vulgare* Kch. u. Rchb., *Convolvulus Cantabrica* L., *† *Cynoglossum cheirifolium* Scp., *Orobanche cruenta* Bert., *Salvia pratensis* L., *Thymus Serpyllum* L. v. *angustifolius* (= *Th. acicularis* W. K. nach Neilr.), *† *Euphorbia fragifera* Jan., *Thesium divaricatum* Jan., *Arum italicum* Mill., *Ruscus aculeatus* L., *Smilax aspera* L., *Asphodelus ramosus* L., vor Allem aber in häufigen Exemplaren eine vielumstrittene *Cerinthe, welche Josch und Tommasini zu *alpina* Kit. ziehen, während Visiani sie für eine Varietät der *minor* L. hält.

Auf der Höhe bewunderten wir die weite Aussicht über Land und Meer, über Kroatiens Schneegebirge und die Inseln des Quarnero, dann stiegen Herr v. Josch und ich an der steilen, viel zerklüfteten Südwestseite hinunter, während Herr v. Tommasini weiter nach Osten ging. Auch dieses Felsgewände bot uns eine ziemliche Menge von Pflanzen, und ob dieselben auch fast durchgehends den öden Klippencharakter der Insel nicht verläugneten, wurden sie uns doch ob ihrer Seltenheit liebe Gefährten. Wir sammelten *Silene inflata Smith v. γ oleracea Fic. (Rchb., Abb. 5120), *Fumaria agraria Lag., Althaea cannabina 1.., *Vaillantia muralis L., *Valerianella eriocarpa Dsf. α genuina, *† Sonchus asper Vill. β pungens Bischoff, Plumbago europaea L., *Allium roseum L. und tiefer unten die ob ihrer meist seegrünen Blätter dem nahen Meere fast homogenen: *Cakile maritima Scp., *Astragalus Wulfeni Kch. (= dem älteren illyricus Brnh.), Artemisia maritima L. und zwar nach Tommasini v. gallica Wlld., Centaurea cristata Barth. *† Scorzonera austriaca Wlld. (eine glauke, gedrungene Meerform mit meist breiten, krauswelligen Blättern), *Picridium vulgare Dsf., *† Taraxacum officinale Wig. β glaucescens Kch., Teucrium Polium L. und *Plantago serpentina Lam. Nach langem, erfolglosen Suchen unseres Schiffchens und nachdem wir die völlige Kahlheit der Nordseite sattsam betrachtet hatten, fanden wir uns endlich wieder zusammen und fuhren zurück nach Fiume.

An Käfer hatte ich auf diesem Scoglio wenig gedacht und daher auch wenig gefunden: Auf Weissdornblüthen sehr häufig *Cetonia aurata* L., *aenea* Gyllh. und *Epicometis hirtella* L.; ausserdem noch *Otiorrh. goerzens.*, *Meloë erithrocnemus* Pallas (1), mehrere *Dorcadion pedestre* L. und *Pedinus helopioides* Germ.

6. Veglia.

Veglia ist die grösste Insel des Quarnero, da sie etwa 5 Meilen Länge und 3 Meilen Breite besitzt. Sie hat zwar wegen ihrer südlicheren Lage eine Menge dem Littorale fehlender Pflanzen, doch reicht sie noch nicht, wenigstens nicht in ihrer nördlichen Hälfte, in das Gebiet der immergrünen Sträucher; die südliche Hälfte hat schon starke Anklänge daran und die südlichsten, von uns leider nicht besuchten Spitzen dürften wohl schon ganz hinein gehören. Diese südlichen und ebenso die östlichen Ränder der Insel sind, wie man schon von Weitem bemerkt, grossentheils kahl und von hohen Bergketten durchzogen, der westliche Theil aber von Castel muschio bis gegen die Hauptstadt hinunter gleicht einem fast ununterbrochenen Walde, der dem fremden Besucher übergrosses Entzücken, den Einheimischen aber grosse Vortheile bringt, da sie viel davon exportiren. Doch sollen sie dabei zu wenig rationell verfahren und überhaupt scheint die Insel in der Cultur noch weit zurückzustehen, da die Häuser meist armselig und verfallen, die Bewohner unrein, die Anlagen aber ziemlich verwahrlost sind. Letztere finden sich wegen der gegen die Nordostseite anstürmenden Bora fast nur längs der West- und Südseite, besonders um Porto Malinska und um die Hauptstadt Veglia, und sind, wie überhaupt die der Quarnero-Inseln, von denen des Littorale nicht bedeutend verschieden: Weingärten, deren Reben gewöhnlich in Hecken oder Gruben, stets aber in geraden Linien gezogen werden, dazwischen Leguminosen, besonders die Saubohne (*Vicia Faba* L.) oder einzelne Weizensaaten, an Fruchtbäumen besonders die Feige, der Maulbeerbaum und die wegen der südlichen Lage sehr gemeine Olive. — Alles dieses wieder umfriedet von zerbröckelnden, oft epheuumrankten, und auf der Höhe mit dem furchtbaren *Paliurus* bewehrten Mauern. Eifriger als der Acker wird das Meer nach Speise durchfurcht; so wird z. B. von der *Maja squinado* (Granziola) jährlich um 20,000 fl. gefangen, und da in Veglia während unseres Dortseins auch ein Freitag einfiel, so fand die aufmerksame Wirthsfrau Gelegenheit, uns eine ziemliche Menge von Seethieren vorzusetzen, nämlich einen Seeteufel (*Lophius piscatorius*), einen Sternseher (*Uranoscopus scaber*), Salpfische (*Sparus*), Meeräschen (*Mugil cephalus*), schmackhafte Barboni (*Mullus barbatus*), die genannte *Maja squinado* und endlich, oder eigentlich zuerst, einen im Reise schwimmenden Tintenfisch (*Calamajo, Sepia loligo*). Leider war mein Magen für die Meeresproducte nicht eingerichtet und ich musste mir daher das Vergnügen ihrer näheren Bekanntschaft versagen. Unter den Hausthieren zeichnen sich die „Zackelschafe" — eine diesen Inseln eigenthümliche Race mit sehr langer, zottiger Wolle und kleinen, ziemlich kahlen Schwänzen — durch ihre Unreinlichkeit aus, berühmt hingegen sind die Veglioten wegen ihrer trefflichen Pferde. Es sind diess kleine, meist braune und etwas struppige Ponys mit dunklerem Schweif und Mähne, sie bilden eine der türkischen verwandte und ebenfalls diesen Inseln eigenthümliche Race, die trotz ihrer ausserordentlichen Kleinheit kräftig, lebendig und schnell auf den Beinen ist. Wir hatten während der Fahrt von P. Malinska nach Veglia hinreichende Musse, die Schnelligkeit, aber auch das störrige Wesen dieser netten Dingerchen kennen zu lernen.

Diese Fahrt ging, wenigstens in der Höhe des welligen Plateaus, stets durch grünendes Waldgebiet, und die Bäume oder Sträucher, welche dasselbe zusammensetzen, sind nach meinen Aufzeichnungen folgende: *Quercus pubescens* Wlld., *Fraxinus Ornus* L., *Ulmus campestris* L., die Blätter oft mit rothen Gallenauswüchsen ganz besetzt, †*Cornus mas* L., *†Carpinus duinensis* Sep., *Pistacia Terebinthus* L., *Crataegus monogyna* Jcq., selten *Pyrus amygdaliformis* Vill. Sonst notirte ich noch unter v. Tommasini's Beihilfe: †*Helleborus dumetorum* Kit., *Polygala nicaeensis* Risso, *Fragaria collina* Ehrh., *Helichrysum angustifolium* DC., *Onopordon illyricum* L., *Cynoglossum cheirifolium* Sep., *Scrophularia canina* L., *Cyclamen repandum* Sibt., *Osyris alba* L., *Arum italicum* Mill.

Von Veglia aus besuchten wir das nordwestlich gelegene Boschetto, ein prächtiges, ebenfalls meist von *Flaumeichen, *Manna-Eschen, Feld-

Ulmen, darunter auch β *suberosa* Ehrh., dem *Perrückenstrauche, der *Terebinthe, der *Lonicera etrusca* Savi, dem *Paliurus* und Weissdorn gebildetes Wäldchen, aus welchem uns schon von weitem der Kukuk entgegenrief, und in dessen Revier sich eine Menge von blüthenreichen Kleinbürgern niedergelassen: †*Anemone hortensis* L. (= *stellata* Lam.), *Sisymbrium Alliaria* Scp., *Polygala nicaeensis* Risso, *†*Cerastium brachypetalum* Desp., *Genista ovata* Wk., *Anthyllis Vulneraria* L. v. *rubriflora* Kch. (= *Dilenii*), *Trifolium angustifolium* L., *Galega officinalis* L., *Astragalus glycyphyllos* L., *Hippocrepis comosa* L., *Vicia angustifolia* Rth. α *segetalis*, *†*Ervum hirsutum* L., *†*Lathyrus Aphaca* L., *†*Cicera* L., *pratensis* L., *latifolius* L., *Oenanthe pimpinelloides* L., *Cnidium apioides* Spr., *Chaerophyllum temulum* L., *Hedera Helix* L., *Galium Cruciata* Scp., *Campanula Rapunculus* L., *Lithospermum purpureo-coeruleum* L. (sehr häufig), *Mentha silvestris* L., *Lamium Orvala* L., *Melampyrum barbatum* W. K., *†*Cyclamen repandum* Sibt. (äusserst gemein), *Orchis Morio* (eine viel stärkere und höhere Form, als die gewöhnliche, nach Tommasini = v. *Vaiseleri*), *Ophrys arachnites* Rich. (Waldwiese), †*Smilax aspera* L., †*Ruscus aculeatus* L., *Tamus communis* L., †*Luzula Forsteri* DC., †*Carex divisa* Hds., †*Anthoxanthum odoratum* L., *Barbula tortuosa* Wlb. et M., *Eurhynchium circinnatum* Schmp.

Noch interessanter aber, als das Boschetto, waren die steinigen und buschigen Wegränder, die Raine, besonders aber die verwahrlosten oder aufgelassenen Weingärten, welche sich zwischen dem Boschetto und der Stadt ausdehnen und die wir nach verschiedenen Richtungen durchgangen hatten; viel weniger ergiebig boten sich die knapp ummauerten Wegränder von der Stadt gegen Cassione hin. Diese Flora war als Schutt- und Rainflora zwar ziemlich unscheinbar, dafür aber desto reicher an Arten und Seltenheiten. Wir fanden: *Clematis Vitalba* L., *Ranunculus Tommasinii* Rchb., *Ficaria* L., *muricatus* L., *arvensis* L., *Fumaria officinalis* L., *Papaver Argemone* L. (selten), *Cardamine hirsuta* L., *Sisymbrium officinale* Scp., *Alyssum montanum* L., †*campestre* L., *†*calycinum* L., *Helianthemum vulgare* Grtn. v. concolor Rchb. (= v. *hirsutum* Kch.), *Arenaria serpyllifolia* L., *†*Cerastium pumilum* Bön. γ *viscidum* (Rchb. Abb. CCXXVIII 4, 969), *Malva silvestris* L., *Erodium cicutarium* L'Her., *Vitis silvestris* Gmel, *Medicago prostrata* Jcq., *†*orbicularis* All., *†*Gerardi* W. K., *†*minima* Lam. β *mollissima* Kch., *Trifolium* *stellatum* L., *nigrescens* Vis., *procumbens* L., *Lotus corniculatus* L. v. *hirsutus* Kch., *Astragalus hamosus* L., *Coronilla Emerus* L., *†*cretica* L., *Securigera Coronilla* DC., *Vicia villosa* Rth. β *glabrescens* Kch. (= *polyphylla* Auct.), *hybrida* L., *angustifolia* Rth. α *seg.* Kch., *varia* Host (v. Josch)? *Pisum elatius* M. B., *†*Lathyrus Aphaca* L., *†*setifolius* L., *Geum urbanum* L., *Rubus caesius* L., *Fragaria collina* Ehrh., *Rosa sempervirens* L. und *canina* L.: Ich sammelte Bruchstücke von mehreren Sträuchen — bekam aber leider keine vollständigen Exemplare — und unterschied folgende Formen: α *vulgaris* Kch. = α *glabrescens* Nlr. Die grasgrünen Blättchen, die Blüthenstiele und Kelchröhren gänzlich kahl, die Blattstiele aber überall, nicht bloss an der Basis flaumhaarig; scheint also ein Uebergang in die var. β *pubescens* Nlr. = β *dumetorum* Kch. zu sein. Ferner γ *setosa* Meyer (nach Nlr.) = γ *collina* Kch. (*collina* Jcq. mit Ausnahme der kahlen Blätter). „Blatt-, Blüthenstiele und vorjährige Scheinfrüchte ziemlich zerstreut drüsig borstig, die jungen Blättchen röthlich überlaufen, ältere grün, unterseits bläulich, alle kahl, drüsenlos, einfach gesägt." Endlich δ *sepium* Kch. (nach Nlr. = *rubiginoso-canina* Meyer). „Blüthenstiele und Kelchröhre bereift, kahl, Blattstiele, Blattränder und unterseitige Hauptadern dicht mit kurzen Drüsenhaaren besetzt; Blättchen sonst völlig kahl, klein, beiderseits seegrün, unten stärker, doppelt gesägt." Scheint die echte *R. sepium* Thuill. = *myrtifolia* Hall. zu sein. — *Poterium Sanguisorba* L. wahrscheinlich v. *polygamum* W. K., *Crataegus monogyna* Jcq., *Ecballium Elaterium* Rich., *Bryonia dioica* Jacq. (v. Josch), *Herniaria incana* Lam. und seltener *glabra* L., *Sedum acre* L., *Saxifraga tridactylites* L., *Eryngium campestre* L., *†Tordylium apulum* L, *Torilis nodosa* Grtn., *Cornus sanguinea* L. (nach Josch), *Sherardia arvensis* L., *Galium Aparine* L., *Mollugo* L., *Scabiosa columbaria* L., *Artemisia Absinthium* L., *Anthemis arvensis* L., *Carduus pycnocephalus* Jcq., *nutans* L., *Centaurea Calcitrapa* L. (sehr häufig auf Rainen um den Lago di Campi), *cristata* Brtl., *†Rhagadiolus stellatus* Grtn. β *edulis* W., *Urospermum Dalechampii* Dsf., *Galasia villosa* Cass., *Chondrilla juncea* L., *†Trichocrepis bifida* Vis. (eine nach Rchb. von *Pterotheca nemausensis* Cass. gut verschiedene, nach Andern mit derselben identische Gattung und Art), *†Crepis cernua* Ten., *Hieracium praealtum* Kch. (v. Josch), *Specularia hybrida* DC., *Ligustrum vulgare* L., *Convulvulus Cantabrica* L. selten, *†Asperugo procumbens* L. (neben den Stadtmauern), *†Cynoglossum cheirifolium* Sep., *Echium pustulatum* Sibth., *Lithospermum officinale* L., *Physalis Alkekengi* L., *Hyoscyamus albus* L. (neben den Stadtmauern), *Verbascum phoeniceum* L. (gegen Cassione häufig), *† Veronica arvensis* L., *Digitalis laevigata* W. K., *Orobanche Galii* Duby (nicht selten auf *Gal. Mollugo*), *†nana* Noë (*Philipaea* n. Rchb. fil.), auf *Scabiosa columbaria*, nach Visiani bloss Varietät der *ramosa* L., sehr selten, *Salvia pratensis* L., *Glechoma hirsuta* W. K., *Marrubium vulgare* L., *Teucrium chamaedrys* L., *† Cyclamen repandum* Sibt., *Plumbago europaea* L., *Rumex pulcher* L., *Osyris alba* L. sehr häufig, *Aristolochia Clematitis* L., *†Euphorbia Wulfenii* Hpp. (gegen Cassione), †*Mercurialis perennis* L., *Celtis australis* L. (einzeln), *Arum italicum* Mill., *Asparagus tenuifolius* Lam., *acutifolius* L. mit vorjährigen Früchten, *Tamus communis* L., *Ornithogalum pyrenaicum* L., *Allium roseum* L., † *Carex divulsa* Good., *divisa*

Hds., †*muricata* L. (Josch?), *Piptatherum multiflorum* Bv., *Avena hirsuta* Rth., *Poa dura* Scp., **pratensis* L., **bulbosa* L., *concinna* Gd. (von Josch schriftlich angegeben mit ?), **Festuca rigida* Kunth., *Bromus erectus* Hds., *intermedius* Guss. (= *confertus* M. B.), *Lolium italicum* A. Br. (Josch), *Asplenium Adiantum nigrum* L. auf Weingartenmauern.

Im Boschetto, sowie längs dieser Wege und Raine machte ich auch eine bedeutende Ausbeute an Käfern, besonders unter Steinen, nämlich: *Anchomenus prasinus* Fabr., *Harpalus ruficornis* Fabr., *semiviolaceus* Dej., *serripes* Schoenh. (sehr häufig), *sulphuripes* Germ. (sehr gemein), *Olisthopus glabricollis* Germ. (1), *Quedius impressus* Pz., *Pedinus helopioides* Germ. (sehr häufig), *Opatrum sabulosum* L., *Otiorrhynchus giraffa* Germ. (häufig), *perdix* Oliv. (1); auf Gesträuchen: *Oxythyrea stictica* L. (sehr gemein), *Omophlus lepturoides* Fabr., *Malachius spinipennis* Germ., *Attelabus curculionoides* L., *Rhynchites auratus* Scop., *Polydrusus flavipes* Degeer, *Otiorrhynchus goerzensis* Hrbst. (sehr häufig, vom Volke wegen der grauen Farbe „fratè" genannt), *mastix* Oliv., *Lachnaia longipes* Fbr. (besonders auf Flaumeichen), *Cyaniris cyanea* Fabr., *Gynandrophthalma aurita* L., *Cryptocephalus Hübneri* Fabr. (1), *bipunctatus* L., *Luperus rufipes* Fabr. und ein ? Miller vom Boschetto, ähnlich dem *cyaneus* Dej., *Coccinella septempunctata* L.; auf Blumen: *Agrilus convexicollis* Redt., *Dolichosoma nobile*, *Mordella aculeata* L. und *grisca* Fröhl., auf *Marrub. vulg.* sehr gemein *Chrysomela menthastri* Suff., eine Var. davon mit glatten Rippen auf den Flügeldecken = v. *costata* mihi, und *cribrosa* Germ., auf Weingartenmauern mehrmals *Timarcha pratensis* Meg., unter Pferdemist sehr gemein *Oxytelus inustus* Grav.

Auf Veglia sammelten wir auch mehrere Pflanzen der Sumpfflora. Am Wege zum Boschetto liegt nämlich der Lago di Campi, eine grosse, mit quackenden Fröschen erfüllte und fast vollständig mit Schilfrohr bewachsene Feldlache, in welcher sehr häufig **†Ranunculus aquatilis* L. ε *Petiveri* Kch., *Callitriche truncata* Gussoui (eine Pflanze Calabriens und Siciliens, die nach Tommasini's Mittheilung hier ihren nördlichsten Standpunkt hat, nach Bertoloni bloss eine Var. der *C. autumnalis* L.), **Potamogeton natans* und **crispus* L. schwamm; an den Rändern standen vorzüglich **Pulegium vulgare* Mill. und **Plantago altissima* L. Herr v. Tommasini besuchte auch die Doline Panighe, eine weite, von braunen Aeckern, dann weiter drinnen von grünsumpfigen Wiesen umgebene, und von einem stagnirenden Wasser erfüllte, pfannenartige Mulde, die wir auf unserer Fahrt von Malinska nach Veglia gesehen hatten, und brachte uns von dorther den seltenen **Ranunculus ophioglossifolius* Vill.; *Isnardia palustris* L. fand er leider noch zu wenig entwickelt. Dafür brachte er noch aus der Umgebung derselben ** Orchis provincialis* Balb., **variegata* All., **†Ajuga Chia* Schr. und **Aristolochia rotunda* L. Ebenso verdanke ich seiner und Herrn v. Josch's Güte die auf Meeresfelsen bei

Veglia gesammelte, wohlriechende *†*Ruta bracteosa* DC. und die violetblüthige *Cakile maritima* Scp.

Endlich am Nachmittage vor unserem Scheiden besuchten wir noch Cassione. Es ist diess ein Franziskanerkloster, welches etwa eine Stunde östlich von Veglia auf einer kleinen, rings von dem tief in's Land eindringenden Meere umschlossenen Insel liegt. An den Rändern des Busens lachen grünende Weingärten, die Insel aber ist grösstentheils bewaldet. Der weitläufige Klosterpark hat sich nämlich durch die Nachsicht seiner Besitzer allmälig in einen förmlichen Wald umgewandelt, in welchem Hochbäume, Unterholz, Gras- und Kräuterwerk wild durcheinander wächst, so dass man öfters kaum hindurch kann. Der Charakter dieses Gehölzes ist aber schon mehr ein immergrüner, denn das Haupt-Contingent liefern feste Steineichen (*Q. Ilex* L.) und hohes *Lorbeergesträuch; ausser diesen der gemeine *Spindelbaum, †Wachholder-, †Mandel- und *Maulbeerbäume; im Schatten derselben trafen wir besonders *Anthyllis Vulneraria* L. var. *rubriflora* Kch., *Chaerophyllum temulum* L., *Pallenis spinosa* Cass., *Verbascum phoeniceum* L., einige Exemplare von *Cynoglossum pictum* Ait. und häufiger *Asphodelus albus* Mill. Die kleinen Erbsen-, Linsen-, Saubohnen-, Getreide- und Weinpflanzungen waren ebenfalls, entsprechend der Sitte des ganzen Eilandes, ziemlich verwahrlost und trafen wir in letzteren *Bromus sterilis* L. wie angebaut. Auf den Mauern wuchs der seltene, erst im südl. Italien häufig werdende *Umbilicus horizontalis* DC. in ziemlicher Menge. Am interessantesten aber für uns war der allerdings sehr triste, stellenweise von der dürren *Cladonia endiviaefolia* Dicks. und *furcata* Schreb. ganz überwucherte Meeresstrand, da auf dem Inselchen früher Salinen bestanden hatten; wir fanden daselbst *Glaucium luteum* Scp., *Artemisia caerulescens* L., *Halimus portulacoides* Wllr., *Salicornia fruticosa* L., *Statice cancellata* Brnbd. und mehrere mit Blüthen völlig übersäete, wohl nur verwilderte Tamarisken (*Tamarix africana* Poir).

7. Cherso.

Cherso, südwestlich von Veglia, ist weitaus die längste der quarnerischen Inseln, nämlich um 4 Meilen länger als selbst Veglia, steht ihr aber an Flächeninhalt bedeutend nach, da ihre Breite durchwegs ziemlich gering ist und in der Mitte durch das tief hineinreichende Vallone di Cherso fast zu einem blossen Felsenkamme zusammenschrumpft. Die Insel bietet keinen so freundlichen Anblick, wie Veglia, sondern erscheint, besonders wenn man dem von Anlagen und Ortschaften fast entblössten Osten naht, als ein wüstes, kahles Felsgebirge, was sie auch meistens ist. Schaubach nannte sie treffend einen riesigen, auf der alten Wahlstatt des Meeres liegenden Knochen. Besonders kahl ist die nördliche Spitze, wo der Monte Syss (2016') emporragt und das Hochplateau zwischen den Städten Cherso und Ossero, welches die Chersonesen mit Recht „Arabia petraea" nennen; doch sind selbst diese traurigen Strecken mit zahlreichen Zackelschafen, dem hier weitaus nutzbringendsten Hausthiere, bevölkert, welche an dem zwischen den Steinen aufspriessenden Grase ein zwar spärliches, aber sehr kräftiges Futter finden. Südöstlich vom Städtchen Ossero verflacht sich das Gebirge und prangt gleich Veglia im üppigen Grün der Steineichen und anderer Laubbäume. An bebauten Plätzen ist diese Insel eben wegen ihrer Bodenbeschaffenheit viel ärmer als Veglia und ist eigentlich nur die Cultur um den Hafen der Hauptstadt von Bedeutung. Hier ist sie aber auch interessant genug: So weit das Auge reicht, ist auf den Höhen ringsum Alles grau, aber nicht von Steinen, sondern von Oliven; Tausende und Tausende von Bäumen schauen auf die Stadt hernieder und schon von Alters her war die Olive Cherso's hochberühmt; haben ja die Venetianer diese Bucht sogar ihren Oelkrug geheissen. Ausser den Oelbäumen aber prangen allhier noch zahlreiche, dunkelblättrige Feigenbäume und üppige Reben, theils selbstständig, theils im Schatten der Bäume gezogen. An Saatfeldern hat zwar auch diese Bucht keinen Ueberfluss, aber die Ursache liegt keineswegs in der Arbeitsscheue ihrer Anwohner, sondern, wie ich schon in der Uebersicht bemerkte, im Mangel an geeigneten Erden.

Was nun unsere Reise betrifft, so landeten wir am Porto di Smergo und überstiegen den etwa 1000' hohen Bergrücken, welcher uns von der südwestlich gelegenen Hauptstadt Cherso trennte. In Cherso schieden zu unserem grössten Leidwesen Herr v. Tommasini und Herr Dr. Kriechbaumer, da unaufschiebbare Pflichten nach Triest sie riefen; Herr von Josch und ich botanisirten hierauf um den Hafen von Cherso, durchritten das Hochplateau der Insel und erreichten zuletzt das Städtchen Ossero, wo wir ebenfalls nach Pflanzen suchten. Ich muss gestehen, dass trotz des wüsten Charakters der Insel im Allgemeinen doch die Ausbeute uns sehr befriedigte und jener von Veglia nur wenig nachgab. Am reichsten von allen war wohl der Abhang von dem Porto Smergo bis zur Höhe hinauf. Dieser Abhang gehört, wie alle südlicher gelegenen Punkte, zur immergrünen Region der Myrte und unterscheidet sich von den nordwärts, sowie südwärts gelegenen, minder geschützten Felsabhängen der Ostküste auf das vortheilhafteste durch seine dichte Belaubung. Die Höhen bilden hier gleichsam eine halbe Rotonde, deren linke Seite von uralten, stämmigen Steineichen, die andere aber meist mit niedrigem Strauchwerk und blühenden Hügelpflanzen bekleidet war; an dieser Seite führte die Strasse empor. Zwei Maulthiere trugen unser Gepäck, welches rechts und links vom Sattel hinunterhing, wir selber aber folgten zu Fusse, suchend und schwitzend. Das Strauchwerk bestand vorzüglich aus *Phillyrea media* L., *Myrtus italica* Mill., †*Juniperus Oxycedrus* L., **Rhamnus infectoria* L.

v. *adriatica* Asch., *Fraxinus Ornus* L., *Lonicera etrusca* Savi, †*Prunus Mahaleb* L. An niederen Pflanzen fanden wir *Alyssum montanum* L., †*Thlaspi praecox* Wlf., *†*Capsella procumbens* Fries (sehr selten, unten neben dem Hafengebäude), *†*Aethionema saxatile* R. Br., *†*Helianthemum italicum* Prs. (unterscheidet sich von *vineale* Prs. durch unterseits grüne, fast bloss am Rande und Mittelnerv striegelhaarige Blätter und durch Sförmig herabgebogene Fruchtstiele — was an den gesammelten Exemplaren zutrifft), *vulgare* Grtn. v. *hirsutum* Kch. (*H.* v. β *concolor* Rchb.), *†*Ruta bracteosa* DC., *†*Cerastium triviale* L. K., *†* *Geranium columbinum* L., *Spartium junceum* L., *Genista ovata* W. K., *silvestris* Sep. v. *dalmatica* Bartl., *Anthyllis Vulneraria* L. v. *rubriflora* Kch., *Medicago prostrata* Jcq., *Dorycnium suffruticosum* Vill., *Bonjeania hirsuta* Rb., *Lotus corniculatus* L. β *ciliatus* Kch., *†*Coronilla cretica* L., *Vicia grandiflora* Sep. α *Scopol.* Kch., *Lathyrus Aphaca* L., *Bunium montanum* Kch., *Cnidium apioides* Spr., *†*Tordylium apulum* L., *Galium lucidum* All. β *hirtum* Nlr., *Helichrysum angustifolium* DC., *Achillea odorata* L., *Chrysanthemum montanum* L., *Centaurea Karschtiana* Sep., *†*Rhagadiolus stellatus* Grtn. β *edulis* Kch., *†*Leontodon saxatilis* Rchb., *Edrajanthus tenuifolius* A. DC. (auf den Höhen ziemlich selten), *Convolvulus Cantabrica* L., *althaeoides* L. (= *tenuissimus* Sibth.) (beide auch auf der Höhe ganz neben einander häufig), *†*Cynoglossum cheirifolium* Sep. und *pictum* Ait. (ersteres besonders diesseits, das zweite jenseits des Bergrückens häufig), *Onosma stellulatum* W. K., *Lithospermum purpureocoeruleum* L., *Salvia pratensis* L. und *officinalis* L., *Stachys italica* Mill. (= *salviaefolia* Ten.), *†*Ajuga Chia* Schrb., *Teucrium Polium* L., *Anagallis arvensis* L. (eine kleine, etwas dickblätterige Felsform), *Cyclamen repandum* Sibth., *Plantago serpentina* Lam., *Osyris alba* L., †*Euphorbia Wulfenii* Hpp., †*Myrsinites* L. (beide gemein), †*fragifera* Jan., *helioscopia* L., *Orchis fusca* Jcq. (selten), *Arum italicum* Mill. und *Carex gynobasis* Vill.

Auf der ziemlich kahlen, mit Steinen besäeten Höhe des Bergrückens sammelte ich auch folgende Käfer. Unter Steinen: *Calathus cisteloides* Ill., *Harpalus ruficornis* Fabr., *sulphuripes* Germ., *Amara trivialis* Gyllh., *Ocypus cyaneus* Payk., *Tachinus pallipes* Grav., *Opatrum sabulosum* L., *Asida grisea* Fabr. (ziemlich häufig), *Pedinus helopioides* Germ. (sehr häufig), *Helops quisquilius* Fabr., *Meloë tuccius* Rossi, *Cleonus ophthalmicus* Rossi, *Lixus Ascanii* L. und *Junci* Schoenh., *Anisorhynchus Monachus* Germar (1), *Otiorhynchus alutaceus* Germ, *Sitophilus granarius* L., *Dorcadion pedestre* L., *Timarcha pratensis* Meg. Auf Gesträuch und Blumen: *Malachius spinipennis* Germ., *Otiorhynchus mastix* Oliv., *Cryptocephalus sericeus* L., *Chrysomela menthastri* Suffr., *Coccinella undecimnotata* Schn., *Scymnus Apetzii* Mulsant; endlich unter Dünger: *Oxytelus inustus* Grav., *Saprinus conjungens* Payk., *Copris*

lunaris L., *Sisyphus Schaefferi* L., *Bubas Bison* L., *Onthophagus Tages*
Oliv., *Schreberi* L. (häufig), *Lemur* Fabr., *furcatus* Fabr. (häufig).
fracticornis Pz., *Aphodius erraticus* Fabr., *Geotrupes laevigatus* Fabr.,
Ateuchus variolosus Fabr., *Pentodon punctatus* Fabr. An Moosen allhier
Hymenostomum tortile Jur. und *Barbula intermedia* Brid.

Kaum minder reich als dieser Berghang war die Vegetation der
Raine und verwahrlosten Weinberge um den Hafen herum. An diesen
Lokalitäten fanden wir †*Ranunculus muricatus* L., *†*parviflorus* L. (sehr
häufig), *repens* L., *Delphinum Consolida* L. (selten), *Papaver Rhoeas* L.,
*†*Fumaria parviflora* Lam. (in Weingärten ausserordentlich gemein),
*† *Cardamine hirsuta* L., *† *Sisymbrium officinale* Scp., *Lepidium Draba* L.,
†campestre R. Br., *Tunica Saxifraga* Scp., *† *Lepigonum medium* Whlg.
(Kalkgries des Hafendammes), *†*Erodium malacoides* Wlld., †*Oxalis
corniculata* L., *†*Medicago lupulina* L. α *vulg.* Kch., *†maculata* W.,
Trifolium procumbens L., *†*Astragalus hamosus* L., *†*Coronilla scorpioides
Kch. (einige wenige Exemplare in einem Weingarten), *†cretica* L.,
*† *Securigera Coronilla* DC., *Vicia grandiflora* Scp. α, *† *Geum urbanum
L., *Potentilla reptans* L., *† *Torilis nodosa* Grtn., *† *Tordylium apulum
L., *† *Sherardia arvensis* L., *Rubia peregrina* L. (auf Weingartenmauern
hinter dem Hafenende), *Anthemis Pseudo-Cota* De Vis. = *brachycentros*
Gay (ein riesiger Stock in einem Weingarten am inneren Hafenende),
Carduus pycnocephalus Jcq., *Centaurea Calcitropa* L. und *solstitialis* L.,
*†*Rhagadiolus stellatus* Grtn. α *genuinus* Kch. (die Achenen gegen die
Spitze borstig, sonst kahl), *† *Hedypnois cretica* Wlld., *Urospermum
picroides* Dsf. (kleinere Exemplare, ganzblättrig = *U.* β *asperum* Duby),
Sonchus asper Vill., *†*Crepis cernua* Ten., *† *Specularia hybrida* DC.,
Symphytum tuberosum L., *Lithospermum purp.-coerul.* L., *Hyoscyamus
albus* L. (an den Mauern des Klosters S. Benedetto), *†*Veronica arvensis
L., *†serpyllifolia* L., *† *Orobanche nana* Noë auf *Sherardia arvensis*,
Ajuga genevensis L. flore roseo, *Anagallis arvensis* L. und *coerulea
Schr., *Plumbago europaea* L., *Plantago Coronopus* L. (auf Kalkkies eines
Hafendammes im Hinterwinkel), *Rumex pulcher* L., †*Euphorbia Wulfenii*
Hpp., †*Peplus* L., *Parietaria diffusa* Mk. (überall auf Mauern), *Allium
roseum* L., *†*Muscari comosum* Mill. (sehr gemein), †*Stipa pennata* L.,
Cynodon Dactylon Prs., *Koeleria phleoides* Prs., *Poa bulbosa* L. und
v. *vivipara*, *Festuca rigida* Kunth, *ovina* L. ε *duriuscula* Kch., *Bromus
confertus* M. B., *rigidus* Rth., *erectus* Hds., *Hordeum murinum* L., *Aegilops ovata* L. Längs des Meeresgestades und während der Fluth von den
Wellen bespült fand sich in grosser Menge *Cakile maritima* L., *Inula
crithmoides* L., *Pulicaria viscosa* Cass., *Statice Limonium* L., und auf der
Innenseite, wo sich die Bucht allmälig in einen Sumpf verseicht, sehr
gemein *Juncus acutus* L., *Scirpus maritimus* L. β *compactus* Krock,
Tabernaemontani Gmel., †*Carex vulpina* L., *†extensa* Good. und noch

tiefer drinnen in Süsswasser: *Nasturtium officinale* R. Br., *Zanichellia palustris* L.

Ueber das wellige Hochplateau der Arabia petraea war unsere Ausbeute äusserst gering, da wir zu Pferde waren und den Führer bei der Länge des Weges nicht belästigen wollten; doch wäre sie auch sonst nicht viel bedeutender geworden, eben wegen der enormen Armseligkeit dieses Gebietes. Auf der ganzen, wohl 9 Stunden langen Strecke zwischen Cherso und Ossero fast nichts als wüste Steinflächen oder kahle Felsberge. Dorniges Gestrüpp oder kümmerliches Graswerk senkte zwischen den dürren Kalktrümmern seine Wurzeln hinunter und lechzte nach Wasser; streckenweise fehlte selbst dieses und war die Fläche ganz kahl und öde. Was an höheren Pflanzen oder Bäumen noch hier oben sich angesiedelt, war durch die furchtbare Gewalt der Bora nach Westen gebogen und entbehrte auf der Windseite meist gänzlich des Blätterwerks; so der ziemlich häufige *Juniperus Oxycedrus* L., der *Weissdorn, der famose *Paliurus*, die seltene *Pyrus amygdaliformis* Vill.; ja selbst die doch so zähen und gewaltigen, hier aber verkrüppelten Steineichen (*Q. *Ilex* L.) waren über dem Boden oft fast rechtwinklig eingeknickt. Am gemeinsten von allen Pflanzen war wohl die Salbei (*Salvia officinalis* L.), welche besonders zwischen Belley und Ossero die Wüste in zahllosen Exemplaren bevölkerte — eine graue Pflanze auf grauem Gesteine; ausser ihr begleitete uns streckenweise sehr häufig *Alsine verna* Bartl., *Astragalus Wulfenii* Kch. und zwei Wolfsmilcharten (*Euph. Wulfenii* Hpp., *Myrsinites* L.); ziemlich häufig, besonders am Beginn der Wüste, war auch *Cytisus spinescens* Sieber, eine diesem Hochplateau und dem Monte Ossero eigenthümliche Pflanze. Was wir sonst noch sahen, war selten und kaum der Rede werth, passte aber vortrefflich in diese Oede: Disteln, Brennnesseln, Stechwinden und Brombeergesträuch. So öde und traurig aber auch ringsum Plateau und Gebirge waren, so sahen wir sie doch fast überall mit Steinmauern umgrenzt und in einzelne Weideplätze für die Schafe geschieden — ein Beweis, dass auch hier der Mensch seine Fahne aufgepflanzt und die gottgegebene Herrschaft behauptet hat.

Eine Ausnahme von dieser Schilderung machten nur die wenigen, mit grünen Saaten erfüllten Dolinen und einige grössere Oasen, besonders die Umgebung des schönen Lago di Vrana, welche sogar Wälder trug, und der Umkreis des Pfarrdorfes Belley. Diese Oasen zeigten dichtgrasige Anger, Wein-, Oliven-, Korn- und Weizenfelder und auf letzterer, wo wir etwas botanisirten, fanden wir die herrliche *Ophrys Bertolonii* Mor. sehr häufig, ausserdem *†*Trixago latifolia* Rb., *†*Linum angustifolium* Hds., *Anthyllis Vulneraria* L. v. *rubriflora* und andere der oben genannten.

Abends endlich, gegen Ossero hinab, veränderte sich das Angesicht der Erde. Die Anpflanzungen wurden häufiger, die graue Salbei trat zurück und eine kleine, grüne Ebene umgab das alterthümliche Städtchen, von dessen Mauern herrliche Epheuteppiche scheinbar herunterhingen. Doch ist auch Ossero so ziemlich eine Wüste, denn die meisten Häuser sind zerfallen und wir fanden mitten im Städtchen an den Mauern sehr gemein *†*Corydalis acaulis* Prs., *†*Fumaria agraria* Lag. und †*Vaillantia muralis* L. α *glabra* und β *hispida*, welche Varietäten häufig in einander übergehen; denn die Stengel sind oft an einer und derselben Pflanze theils obenhin behaart, theils gänzlich kahl. — Auf den öden Schutthügeln und Ruinen um die Stadt herum fanden wir *†*Ranunculus parviflorus* L., *Papaver Rhoeas* L., *Glaucium luteum* Scp., *†*Vesicaria sinuata* Poir, *Pistacia Lentiscus* L., *Trifolium nigrescens* Vis., *Bryonia dioica* Jcq., *Ecballium Elaterium* Rich., † *Tordylium apulum* L., *Carduus nutans* L., *Picridium vulgare* Dsf., *†*Crepis rubra* L., *Phyllyrea media* L., *†*Lycopsis variegata* L., *Echium violaceum* L., *Salvia officinalis* L., *†*clandestina* L. (= *verbenaca* Vhl.), *Stachys italica* Mill., *Vitex Agnus castus* L., *Dactylis glomerata* L. β *hispanica* Rth. Unterdessen war es dunkel geworden. Der Himmel hatte sich mit Wolken umzogen und der immer stärker heranbrausende Sturmwind trieb uns in die Locanda.

8. Lossino.

Lossino (Lussin), die drittgrösste der Quarnero-Inseln, südwestlich von Cherso, mit dem seine Nordspitze durch eine etwa 30' lange Brücke zusammenhängt, bildet ebenfalls ein lang gestrecktes, aber etwas gekrümmtes und noch weit schmäleres Eiland mit zahllosen Buchten und Vorgebirgen; an den beiden Enden verbreitet sie sich keulenförmig und besitzt daselbst die höchste Bodenerhebung, nämlich im Norden den fast zu 2000' ansteigenden Monte Ossero und im Süden den etwa 800' hohen Monte Giovanni. Beide Berge sind gegen die Höhe ausserordentlich zerklüftet und ziemlich interesselos, besonders der Monte Ossero, der nach den Berichten der Reisenden fast nichts als endlos wuchernde Salbei besitzt. Um den Fuss dieser Berge aber und längs der Mitte Lussin's ist die Flora wunderbar reich und herrlich, ja weitaus die reichste aller Quarnero-Inseln, trotzdem auch hier die Karstformation durch viele kahle Stellen und scharfe Felsrippen sich genugsam verräth. Die lohnendsten Fundplätze sind natürlich, wie auf den übrigen Quarnero-Inseln, die buschigen, steinigen Abhänge und die verwahrlosten Oliven- oder Rebengärten, zu deren Erreichung man die aus Feldsteinen roh aufgebauten Umfassungsmauern übersteigen muss. Wie letzteres vermuthen lässt, ist auch auf Lussin die Landwirthschaft ziemlich vernachlässigt, aber doch ist diese Insel verhältnissmässig viel reicher cultivirt als das waldreiche Veglia und das gebirgige, steinbesäete Cherso. Das Haupterträgniss liefern Weinstock und Oelbaum. Der Weinstock steht meist in einer Grube zwischen kleinen künstlichen Hügeln und sein Laubwerk war während unseres Dortseins schon völlig entwickelt; die Olive aber ist meist etwas verkümmert und hatte durch den schneereichen Winter stark gelitten. Ausser ihnen sahen wir besonders Feigen- und *Maulbeerbäume (*M. alba* und *nigra* L.), *Sorbus domestica* L., Weizensaaten, zwischen denen die Klatschrose (*Papaver Rhoeas* L., *Argemone* L.) und die Siegwurz (*Gladiolus segetum* Gaw.) sehr häufig blühte, und ziemlich viele Leguminosenfelder (**Vicia Faba* L., **Pisum sativum* L., **Cicer arietinum* L.); manche der genannten auch verwildert. Der meisten Pflege erfreuten sich die Abhänge von Ossero bis gegen Chiunski, vorzüglich aber die um Lussin grande und piccolo, wo auch in den Gärten eine Menge südlicher Formen ohne besondere Pflege zu üppigem Gedeihen kommt. Seit Alters berühmt ist in dieser Hinsicht Lussin grande und die Wirklichkeit blieb hinter unseren Erwartungen nicht zurück. Wir sahen daselbst prächtige *†Citronen- und *†Orangenbäume, *Pinien, immergrüne Cypressen, Caroben (*Ceratonia Siliqua* L.), Judasbäume (†*Cercis Siliquastrum* L.), den Pfeifenstrauch (**Philadelphus coronarius* L.), herrliches *Oleandergebüsch, blühende Agaven und im Schatten der Genannten eine Menge farbenprächtiger Blumen. Die daselbst ebenfalls im Freien gezogenen Dattelpalmen und den Paternosterbaum (*Melia Azederach*) hatten wir leider nicht zu Gesicht bekommen. Bei Lussin piccolo sahen wir an Wegrändern auch den Götterbaum (**Ailanthus glandulosa* Dsf.). Als Curiosum sei noch erwähnt, dass die Brennnesseln auf dieser Insel fehlen sollen.

Was nun die eigentliche Flora betrifft, so hatten wir, um diese kennen zu lernen, einen namhaften Theil der Insel durchforscht, nämlich die Strecke von Ossero bis Lussin piccolo, von da bis Lussin grande, ferner die Höhen um den Porto S. Martino, den Weg von Lussin piccolo zum Porto Zigale, endlich den Monte Giovanni, zu dem wir von Lussin piccolo aufgingen und von dessen Höhe wir nach L. grande hinunterstiegen. Unser Führer bei den zwei letztgenannten Partien war Giovanni Gorzin, ein äusserst bescheidener, junger Bursche, den auch Herr von Tommasini bei seinen Ausflügen auf dieser Insel benützt und allen nach ihm Gekommenen empfohlen hatte.

Die herrlichste von all' diesen Partien war wegen ihres Reichthums an immergrünem Laubwerk und ob des wundervollen Gesanges zahlreicher Nachtigallen die von Ossero nach Chiunski, doppelt herrlich, als wir Tags zuvor die „Arabia petraea" durchkostet hatten. Wir sahen allhier und zwar meist in Menge: Zwei wundervolle *Cistus*-Arten, eine weiss-, eine rothblühend (**Cistus salvifolius* L. und **creticus* L.), †*Viburnum Tinus* L., *Quercus Ilex* L., *Laurus nobilis* L., *Erica arborea* L., †*Juniperus oxycedrus* L. und †*phoenicea* L., *Lonicera etrusca* Savi, **implexa* Ait., †*Arbutus Unedo* L. (noch grünbeerig), **Phyllyrea media* L., **Pistacia Lentiscus* L., *Paliurus aculeatus* L., *Myrtus italica* Mill., **Coronilla Emerus* L., vereinzelt auch *Celtis australis L. und an niederen Pflanzen trafen wir längs des Weges: Clematis Flammula L., *Arabis hirsuta Scp., *Lepidium Draba L., *Reseda lutea L., *†Medicago orbicularis All., *Bonjeania hirsuta Rchb., *Hippocrepis comosa L., *Vicia villosa Rth. β glabrescens Kch., †Tordylium apulum L., *†Scandix Pecten Veneris L., *Herniaria incana Lam., *Helichrysum angustifolium DC., *†Crepis cernua Ten., *Convolvulus althaeoides L., *Hyoscyamus albus L. (bei Chiunski), *Cynoglossum pictum Ait., *Salvia officinalis L., *Prasium majus L., Teucrium Polium L., *Cyclamen repandum Sibt., *Aristolochia Clematitis L., Plumbago europaea L., †Euphorbia Wulfenii Hpp., †fragifera Jan., *Tamus communis L., *Iris Clusiana Tsch. (in der Gruppe der pallida Lam.), Asparagus acutifolius L., *†Muscari comosum Mill. Längs des langen, schönen Hafenquais von Lussin piccolo fanden wir ausser vielen der Genannten, besonders der hier sehr häufigen Cistus-Arten, auch noch *†Fumaria agraria Lag. und *†officinalis L., Glaucium luteum Scp., *Cakile maritima Scp., *†Erodium malacoides Wlld., *Sedum acre L., *Orlaya grandiflora Hffm., *Pallenis spinosa Cass., Inula crithmoides L., *Urospermum Dalechampii Dsf. (sehr häufig), *† Crepis rubra L., Echium pustulatum Sibth., italicum L.? Vitex Agnus castus L., *Plantago Coronopus L., *Psyllium L., *Cynosurus echinatus L.

Unser erster Ausflug von Lussin piccolo galt ihrer kleineren aber älteren Schwester Lussin grande. Der Weg führt zuerst durch enge Gässchen und über Stiegen zur Höhe der amphitheatralisch aufsteigenden Stadt, und von da auf grandios angelegter Strasse ostwärts dem Meere zu, das wir auch ob dem Valle Darche erreichten. Bis hieher sahen wir auf Gartenmauern häufig verwildert *Matthiola incana R. Br., *Centhranthus ruber DC., *Spinacia inermis Mnch. und auf Schuttboden der Wegraine sehr häufig *†Ranunculus parviflorus L., *Tunica Saxifraga Scp., *†Geranium rotundifolium L., *†Erodium cicutarium L'Her., †Tordylium apulum L., *Helichrys. angustif. DC., *Matricaria Chammomilla L., *Anthemis arvensis L., *Senecio vulgaris L., *Carduus pycnocephalus Jcq., *Sambucus nigra L., *Stachys italica Mill., *Euphorbia helioscopia L., *†Muscari comosum Mill., *Arum italicum Mill., *Poa bulbosa L. und v. vivipara, Festuca ovina L. und duriuscula Kch., *rigida Kunth, Bromus *confertus M. B., diandrus Curt. (madritensis L.), Hordeum murinum L. Im Valle Darche, einer kleinen, steinigen Thalfläche neben dem weit hereinreichenden Meere trafen wir Glaucium. luteum L., Pulicaria viscosa Cass. (mit verdorrten vorjährigen Stengeln und frischen Trieben), Scolymus hispanicus L., †Vaillantia muralis L., Statice cancellata Brnh., *†Asphodelus ramosus L., *Avena striata Lam., *Briza maxima L. (sehr häufig), *Cynosurus echinatus L., endlich Dactylis glomerata L. β hispanica Rth. Von da an zieht sich der Weg äusserst malerisch ob den Fluthen längs der Insel hinunter. Das Gehänge ist wieder, wie zwischen

Ossero und Chiunski, von zahlreichen Lorbeeren, Myrten, den beiden *Cistus*-, *Pistacia*- und *Lonicera*-Arten, hie und da auch einzelnen Manna-Eschen oder verwilderten Feigen- und Granatapfelbäumen bedeckt und dazwischen entfaltet sich eine artenreiche, dem Nordländer fast gänzlich unbekannte Flora, von der ich nur das auf Lussin bisher noch nicht notirte erwähne: *†*Fumaria parviflora* Lam., **Reseda Phyteuma* L., (selten), *†*Sagina apetala* L., *†*Linum angustifolium* Hds., *†*Ononis reclinata* L. (selten), **Anthyllis Vulneraria* L. v. *rubriflora* Kch., *†*Medicago minima* Lam. v. *gracca* Horn., *†*Scorpiurus subvillosa* L., **Rubus tomentosus* Borkh., †*Galium murale* All. (selten), †*Valerianella eriocarpa* Dsf., *Filago germanica* L. β *canescens* Jord., *†*Rhagadiolus stellatus* β *edulis* Grtn., *†*Hedypnois cretica* Wlld., *†*Urospermum picroides* Dsf., **Hieracium praealtum* Kch. α *florentinum* Kch., **Chlora perfoliata* L., **Erythraea Centaurium* Prs., **Onosma stellulatum* W. K., *Micromeria juliana* Benth., **†Sideritis romana* L., *†*Prasium majus* L., *†*Ajuga Chia* Schr., **Globularia vulgaris* L., **Ophrys apifera* Hdw., **Ruscus aculeatus* L., *Smilax aspera* L., †*Carex glauca* Sep., *Brachypodium distachyon* R. et S., *Bromus erectus* Hds., **Aegilops ovata* L. und *triuncialis* L. (selten). In der Umgebung der Stadt trafen wir *Agave americana* L. häufig verwildert und an wüsten Felsrainen gerade vor derselben **Ecballion Elaterium* Rich. und besonders gemein *Glaucium luteum* L. Hinter den reichen Gärten L. grande's besuchten wir auch ein verwahrlostes Grundstück und trafen daselbst †*Ranunculus muricatus* L., *†*parviflorus* L., *†*Adonis autumnalis* L., **Vicia bythinica* L. (selten), †*Coronilla cretica* L., *†*Lathyrus Ochrus* DC. (selten), *†*Zacyntha verrucosa* Grtn., **Borago officinalis* L., *†*Scrophularia peregrina* L., *†*Linaria chalepensis* Mill., †*Euphorbia Peplus* L., †*Mercurialis annua* L., *†*Anagallis coerulea* Schr. (sehr häufig und üppig).

Der Ausflug auf die Höhen um den ostwärts von Lussin piccolo gelegenen Porto S. Martino brachte uns ausser vielen schon bekannten, besonders der massenhaft am Meeresstrande wachsenden *Pulicaria viscosa* Cass. und der noch gemeineren, alle Höhen überkleidenden *†*Avena striata* Lam. sehr häufig *†*Silene sedoides* Jcq., **Ruta divaricata* Ten., *†*Trifolium lappaceum* L., *†stellatum* L., *angustifolium* L., selten **Ornithogalum pyrenaicum* L. und **Oenanthe pimpinelloides* L., äusserst gemein aber gegen die Stadt hin **Plantago serpentina* Lam. Am Wege zum westlichen Porto Zigale trafen wir die schon lang vermissten †*Astragalus hamosus* L. und †*Securigera Coronilla* DC., beide in den herrlichsten Senseufrüchten, ausserdem *Kenthrophyllum lanatum* DC. und **Trifolium repens* L. v. *Biasolettianum*; *angustifolium* L. hier schon in hübschen, rothen Blüthen.

Die interessanteste aller Partien aber war die auf den Monte Giovanni. Da es die Umstände nicht zuliessen, den M. Ossero zu besteigen und auch Herr v. Josch, welcher sich vor 9 Jahren an ihm arg getäuscht hatte, dazu wenig Lust mehr hatte, so wollten wir wenigstens diese Höhe besuchen, um die Bergflora Lussin's zu besichtigen. Der Weg führte wieder durch die Gässchen der Stadt hinauf und an mehreren Kreuzweg-Stationen, welche zu einem Vorberge dieser Spitze, zum Monte Calvario führen, vorüber. Endlich blieben alle hemmenden Mauern zurück und wir traten hinaus in's Freie, wo steinige, gelbgrüne Bergweiden und sehr vernachlässigte Olivenpflauzungen uns ein gern gehörtes „Halt" zuriefen. Hier war das Eldorado unserer Wünsche. Wir trafen: *Clematis Flammula* L. (an Weingartenmauern), *†*Fumaria agraria* Lag., †*Sabulina mucronata* L. (Rchb. Abb. 4918 — leider bloss ein einziges Exemplar zwischen Gräsern), *Hypericum veronense* Schk., *Ononis reclinata* L. (sehr selten), *†*Medicago orbicularis* All., *†*Melilotus sulcata* Dsf. (sehr häufig), *†*Trifolium stellatum* L., *angustifolium* L., *lappaceum* L., *arvense* L. β *strictius* Kch., *Lotus edulis* L. (einige), *Vicia angustifolia* Rth., *Pisum elatius* M. B., *†*Scandix australis* L. (sehr gemein), *Sedum anopetalum* DC. (einige), *Filago germanica* L. β *canescens* Jord., *Helichrys. angustif.* DC., *Urospermum Dalechampii* Dsf. (häufig), *†*Tragopogon major* L. und *porrifolius* L., *Chlora perfoliata* L., *Erythraea Cent.* L., †*Veronica arvensis* L., *Micromeria juliana* Benth. (sehr gemein), *Teucrium montanum* L. c supinum De Vis. (1), †*Lysimachia Linum stellatum* L. (ziemlich häufig), †*Euphorbia peploides* Gouan. (häufig), *Ophrys aranifera* Hds. ε *Tommasinii* Rchb., *†*Avena striata* Lam. (äusserst gemein, die Bergwiesen strohgelb färbend), *atherantha* = *hirsuta* Rth., *sterilis* L., *Briza maxima* L. (gemein), *Poa loliacea* Hds. (1), *Festuca myurus* L. = *ciliata* Aut. (einige), *Brachypodium pinnatum* Bv. β *rupestre* Kch., *Bromus mollis* L. v. *glabrescens*, *Triticum villosum* M. B. (häufig), *Asplenium Adiantum nigrum* L. (an Mauern). Von da weiter hinauf wurde es aber immer öder und öder; die Mannigfaltigkeit der Formen verschwand und die Salbei überdeckte weite Strecken mit ihrem einförmigen, grauen Mantel; meist aber trat das nackte Felsgestein schroff hervor und zwang ob seiner mannigfaltigen Risse den Fuss zu kühnen Ansätzen und Sprüngen. Wir sammelten nun einige Fruchtexemplare von *Thlaspi praecox* Wlf. und aus den Ritzen des Gesteins neben einer Mauer holten wir das tief eingewurzelte *Allium subhirsutum* L. Fast ebenso arm gab sich die Kuppe: *Trifolium scabrum* L., *Smilax aspera* L. und einige Brombeerstauden. Gegen die Südspitze hinab erstreckten sich Oelpflanzungen und ein dünner Wald von Steineichen. Dafür aber war die Aussicht auf die zahlreichen quarnerischen und dalmatinischen Inseln bis hinunter nach Zara, hinauf nach Fiume, zum Monte Maggiore und Schneeberg, hinüber zu Kroatiens schneeigen Höhen und endlich westwärts auf das weite, majestätische Meer, wo sich der Himmel mit den Wogen vermählte, überaus entzückend und lohnte die Mühe des letzten Stieges in reichstem Masse.

9. S. Pietro di Nembi.

Pietro di Nembi, eine kleine Insel südlich von Lussin, ist die südlichste des Quarnero und ihre Südspitze die Südspitze von ganz Illyrien. Ihre nördliche Breite (44° 24') stellt sie so ziemlich in eine Linie mit Bordeaux, Genua und Bologna. Gleich den übrigen Quarnero-Inseln trägt auch Nembi einen ziemlich hohen Berg, den Monte Grisine und zeigt an vielen Stellen den felsigen Karstcharakter. Doch ist es im Ganzen ein prächtig grünes Eiland, reich bepflanzt mit Weinreben und Oliven. Die einzige Ortschaft der Insel ist ein Fischerdorf und wir trafen auch vor Pietro eine ziemliche Menge von Kähnen und Trabaccoli, welche besonders nach Meerkrebsen (*Granci*) und schmackhaften Makrelen (*Scombri*) fahndeten; das Eingeweide letzterer Thiere muss dazu dienen, um als Köder die übrigen in's Verderben zu locken. Wir landeten vor dem Dorfe, botanisirten etwas in der Umgebung desselben, erstiegen hierauf den M. Grisine und liessen uns von seiner Spitze südlich zum Meere hinunter, von wo wir zwischen Saatfeldern und Oelpflanzungen wieder zum Dorfe gingen. Die Flora musste natürlich im Allgemeinen der von Lussin sehr ähnlich sein und besonders war das immergrüne Laubwerk auf beiden völlig identisch; doch trafen wir eine ziemliche Menge von Pflanzen, welche wir seither noch nicht gesammelt hatten und auch die schon auf Lussin gefundenen waren in der Menge ihres Vorkommens öfters verschieden. Im Nachstehenden gebe ich die ganze Flora, soweit sie uns zu Gesichte kam; leider ist das Verzeichniss nicht so reichhaltig als das des Herrn Dr. Reuss jun. vom Jahre 1867.

Auf Rainen und wüsten Plätzen an der Nordostseite: *Eryngium amethystinum* L., **Picridium vulgare* Dsf., *†*Hedypnois cretica* Wlld., **Urospermum picroides* Dsf. und β *asperum* Duby, *†*Asperugo procumbens* L. (selten an Häusern), *Verbascum sinuatum* L., *Stachys italica Mill., †*Salix viminalis* L.; an Feldmauern *Clematis Flammula* L., *†*Fumaria agraria* Lag., *Rubia peregrina L., *Grammitis Ceterach* Sw.; in den Feldern selber aber *†*Fumaria officinalis* L., *Althaea hirsuta L. (selten), **Calendula arvensis* L. (häufig), **Asperula arvensis* L., **Aristolochia rotunda* L. (häufig) und die herrliche, zwischen den Saaten sehr häufige *Gladiolus segetum* Gaw.

Viel lohnender als die Nord- war die Südseite der Insel längs des Meeres. Wir trafen theils in feinem Dünensande, theils auf den Buschrainen oder zwischen verwahrlosten Reben: †**Fumaria offic.* L. v. *minor* Fries (sehr klein und aufrecht stehend), *Glaucium luteum* L., *Papaver Rhoeas L., *†*Reseda Phyteuma* L. (selten), *Malva silvestris L. (häufig), **Medicago prostrata* Jcq., *†*orbicularis* All., *†*minima* L. und v. *graeca* Horn., *†*littoralis* Rh., *†*Scorpiurus subvillosa* L. (am Meere gemein),

Onopordium illyricum L. (Blätter), *Convolvulus Cantabrica* L., *sepium* L., *Orobanche minor* Sm. auf *Aegilops ovata* L., *Marrubium candidissimum* L., *Vitex Agnus castus* L., *Euphorbia Paralias* L. (sehr häufig im Dünensande), *Plantago Coronopus* L., *Psyllium* L., *serpentina* Lam., *Aristolochia Clematitis* L. (äusserst gemein zwischen Reben), *†Muscari comosum* Mill. (noch gemeiner), *Juncus acutus* L., *Phleum arenarium* L., *tenue* L. (1), *Arundo Donax* L. (verwildert?), *Koeleria phleoides* Prs., *Dactylis glomerata* L. v. *hispanica* Rth.; in einem Süsswassersumpfe daselbst, der ganz von Larven wimmelte und mit einer *Chara* erfüllt war, *Zanichellia palustris* L. und *Potamogeton crispus* L.

Der Berg endlich, welcher zwischen den beiden Inselseiten sich aufbaut, war mit immergrünem Strauchwerk (*Cistus monspeliensis* L., *Pistacia Lentiscus* L., *†Erica arborea* L., †*Juniperus Oxycedrus* L., †*phoenicea* L.) bedeckt, welches besonders auf der Südseite weit über Mannshöhe aufgeschossen war und öfters ein fast undurchdringliches Dickicht bildete. Wir fanden an seinen Abhängen *† Trifolium stellatum* L., *Vicia villosa* Rth., β *glabrescens* Kch., *Galium lucidum* All. α *glabrum* (sehr häufig)*,* †*Valerianella eriocarpa* Dsf., *Verbascum phoeniceum* L., *†Sideritis Romana* L., *†Ajuga Chia* Schr., *Cynosurus echinatus* L. und *Briza maxima* L. Auf der Spitze fand sich † *Scandix Pecten Veneris* L., *Anagallis arvensis* L., eine verkümmerte *Myosotis intermedia* Lk.? und eine vereinzelte *Linaria pelisseriana* Mill.

An Käfern, die ich seit Cherso arg vernachlässigt hatte — ich notirte bloss vom Lussin grande *Oxythyrea stictica* L. und am M. Giovanni *Lina populi* L. — traf ich auf diesem Berge *Pentodon punctatus* Fabr. und *Ateuchus variolosus* Fabr. unter Kuhmist ziemlich häufig, ferner auf Blüthen *Gastrophysa Polygoni* L. und sehr gemein *Oedemera flavipes* Fabr., endlich an Steinen *Timarcha pratensis* Meg.

Auf unserer Rückfahrt stiegen wir in Oriule grande, einer langgestreckten Insel an der Ostseite Lussin's aus und erstiegen den Rücken derselben, wo uns in einem verwahrlosten Olivengarten *Lupinus hirsutus* L. und *†Zacyntha verrucosa* Gärtn. in Menge entgegentrat, ausserdem als noch nicht gesammelt *Convolvulus arvensis* L. und *Plantago lanceolata* L. v. *hungarica* W. K. Ausser dieser Anlage und einer tiefer liegenden, wo wir *Marrubium vulgare* L. schon in Blüthe trafen, bemerkten wir kein Anzeichen der Cultur, sondern Alles war mit dichtem, immergrünem Strauchwerke überdeckt, worunter sich auch eine Wachholderart mit auffallend grossen, noch grünen Beeren befand — wie uns später Herr v. Tommasini mittheilte, die echte *Juniperus macrocarpa* Sibth. Sonst waren wir nicht im Stande, etwas Neues zu entdecken und setzten uns daher wieder in das Schiffchen.

10. Zwischen Pola und Promontore.

Die Umgebung Pola's bot uns als Reisenden zwei Punkte, welche nach der langen Fahrt über steinreiche Inseln überaus fesselten und an das schwer vermisste deutsche Vaterland erinnerten, den Kaiserwald und die Prà grande. Ersterer ist ein grosser, von majestätischen Eichen gebildeter, mit Nachtigallen reich bevölkerter und von üppigem, oft lieblich umrankten Unterholz erfüllter Hochwald, die Prà grande aber eine herrlich grünende, mit weissen, gelben und rothen Blüthen übersäete Wiese, deren früheren sumpfigen und fieberschwangeren Charakter man durch Anlegung breiter Kanäle grösstentheils beseitigt hat. Viel weniger aber entzückten uns diese Lokalitäten als Botaniker, obwohl auch sie manches Neue enthielten. Im Kaiserwalde fanden wir ausser den hohen Eichen (*Quercus pseudosuber* Saut. nach Tommasini und *pubescens* Ehrh.), *Acer campestre* L., *Cornus sanguinea* L., *Lonicera Caprifolium* L. (sehr häufig), **Phyllyrea media** L. und an niederen Pflanzen *Vicia grandiflora* Sep. α *Scopoliana* Kch., *angustifolia* Rth., *Ervum hirsutum* L., *Lathyrus Aphaca* L., *Orobus niger* L., *Fragaria collina* Ehrh., *Sanicula europaea* L., *Hedera Helix* L., *Lithospermum purpureo-coeruleum* L., *Marrubium vulgare* L., *Listera ovata* L., *Ruscus aculeatus* L., †*Carex pallescens* L., †*silvatica* Hds. und sehr häufig *Piptatherum paradoxum* Bv.; auf dem Wege dahin *Echinops Ritro* L. und *Urtica dioica* L. Auf der Prà grande trafen wir sehr häufig *Ranunculus Tommasinii* Rchb., *Lychnis floscuculi* L. v. *Cyrilli* Richter, *Oenanthe silaifolia* Bieb., *Podospermum laciniatum* DC., stellenweise auch *Heleocharis uniglumis* Lk. und an buschigen Rändern derselben *Physocaulis nodosus* Tsch.

Erinnerten diese beiden Stätten lebhaft an die reich bewachsenen Wiesen und Wälder des Nordens, so versetzten uns die südlich von der Prà grande durchstreiften, steinigen und starrbuschigen Hügel wieder ganz in das Gebiet des immergrünen Südens, wie in der That bei Pola die immergrüne Region der Myrte und die sommergrüne der Manna-Esche sich berühren, da man etwas nördlich von dieser Stadt das letzte immergrüne Buschwerk findet. Die von uns durchwanderten Strecken zwischen Prà grande und dem Monte Gradina lassen sich in das Gebiet der Hügel und das der Felder eintheilen, wenn auch, wie stets bei solchen Eintheilungen, sich keine scharfen Grenzen ziehen lassen, da manches beiden gemeinsam ist. Die Felder waren theils mit einer ziemlich dichten Pflanzendecke überzogen und dann boten sie *Dianthus velutinus* Guss., *†Lupinus hirsutus* L., *Trifolium incarnatum* L. mit v. *ochroleucum* (beide Var. sehr gemein mit zahlreichen Uebergängen), *†stellatum* L., *†Hypochoeris glabra* L., *Galasia villosa* Cass., *Picridium vulgare* Dsf., *Orchis Morio* L. (mit purpurnen und bleichröthlichen Blüthen), *papilionacea* L. (an einer Stelle sehr häufig), theils waren sie ärmliche Brachfelder und auf diesen fauden wir *† *Ranunculus parviflorus* L. und *† *verrucosus* Presl. (Rchb. D. Fl. 4648 — wohl bloss eine winzige Form des *Philonotis* Ehrh.), *† *Bunias Erucago* L. v. *macroptera* Rchb. ? *Trifolium repens* L., *subterraneum* L., *angustifolium* L., *† *Scorpiurus subvillosa* L., *† *Vicia hybrida* L., *† *Alchemilla arvensis* Scp., *† *Zacyntha verrucosa* Gärtn. (sehr häufig), *† *Calamintha Acinos* L., *† *Muscari comosum* Mill., *Avena capillaris* M. Kch.; endlich die Wegränder und die steinigen, mit meist immergrünem Strauchwerk (*Phyllyrea media* L., *Myrtus italica* Mill., *Cistus monsspeliensis* L. (äusserst gemein), *Lonicera etrusca* Lavi (Blätter beiderseits behaart), *Rhamnus infectoria* L. v. *adriatica* Asch., † *Juniperus oxycedrus* L., † *Acer monsspessulanum* L., *Ulmus campestris* L) besetzten Hügel enthielten ausser vielen der schon genannten noch eine Menge von unscheinbaren, aber meist sehr interessanten Pflanzen, wie ja auch die scheinbar wüsten Buschhügel der Quarnero-Inseln gerade die reichsten sind. Wir fanden: *Nigella damascena* L., *† *Diplotaxis tenuifolia* DC. (Wegränder), *Senebiera Coronopus* Poir. (häufig auf dürrem Lehmboden der Wegränder), *Helianthemum Fumana* Mill., †*salicifolium* Prs., *vulgare* Grtn. v. *concolor* Rchb., *Alsine verna* Bartl., *Malva silvestris* L. v. *orbicularis* Deth., † *Linum angustifolium* Hds. v. *cribrosum* Rchb., *Geranium columbinum* L., *Spartium junceum* L., † *Medicago orbicularis* All., *Trifolium nigrescens* Vis., *lappaceum* L., *Cherleri* L., † *Hippocrepis comosa* L., *Vicia villosa* Rth. v. *glabrescens* Kch., *† *angustifolia* Rth., *† *Lathyrus Cicera* L., *Potentilla hirta* L. α *genuina*, † *Tordylium apulum* L., *† *Torilis nodosa* Gärtn., *Galium lucidum* All. α *glabrum* Nlr. (= *corrudaefolium* Vill.), *Molluyo* L.? (Josch), *Artemisia camphorata* Vill. β *saxatilis* Kch. und ε *Biasolettiana* Vis., *Carduus nutans* L., *Centaurea Calcitrapa* L., *† *Hedypnois cretica* Wlld., *Podospermum laciniatum* DC. (auf eisenschüssiger, rother Erde flach ausgebreitet, häufig), *† *Crepis cernua* Ten., *vesicaria* L., *Campanula Rapunculus* L., *Convulvulus Cantabrica* L., *Verbascum sinuatum* L., *Orobanche minor* Sm. β *adenostyla* De Vis., *† *Sideritis romana* L., *Plantago Lagopus* L. (sehr gemein), *Osyris alba* L., *Ophrys aranifera* Hds. c *atrata* Ludl., *Arum italicum* Mil., *Ornithogalum umbellatum* L., *Cynodon Dactylon* Prs., *Koeleria cristata* Prs., *Bromus sterilis* L. Unter Steinen selten *Ocypus cyaneus* Payk.

Am Fusse des steinigen Monte Gradina fanden wir neben dem sich weit hereinziehenden Golfe von Medolino *Plantago Coronopus* L. und *Euphorbia Paralias* L. Der Berg selber bot uns beinahe gar nichts Brauchbares, weil die zahlreich weidenden schwarzen oder weissen Schafe nebst kurzhaarigen Rindern und struppigen Eseln Alles sorgfältig abgefressen hatten, und auch das Plateau von Promontore, welches wir nach Ersteigung dieses Hügelberges betraten, war äusserst ärmlich. Das ganze Plateau nebst den umliegenden Höhen war fast nichts als baumloses

Weideland, nur in den Gärten von Promontore fanden sich Oel-, Feigen- und *Mandelbäume; hinter dem Dorfe aber gegen das Meer hinab sah man auch grünende Saaten, besonders Weizen und Mais, mit dessen Kolben auch die Zimmerdecke unserer Osteria zierlich behangen war. Unsere ganze Ausbeute auf den mageren Weidegründen bestand in *Trifolium nigrescens Vis., *Medicago prostrata Jcq., Eryngium campestre L., *Evax pygmaea Prs. (sehr gemein), *Salvia clandestina L., Satureja montana L., *Plantago Lagopus L., *serpentina Lam. und der ausserordentlich gemeinen *Festuca ovina L. α vulgaris (eine starre, seegrünblättrige Form, gleich Allen, von winziger Grösse).

11. Triest.

Endlich erreichten wir das letzte Ziel unserer Reise, das freundliche, ruhelose Triest und unsern entflohenen, schmerzlich vermissten Reisegefährten, Herrn v. Tommasini, in dessen Gesellschaft wir nun einige glückliche Tage verlebten. Er war auch so gütig, uns einen Einblick in sein grossartiges Doppelherbar, das allgemeine und das speciell illyrische, zu gewähren und die seit seiner Entfernung gesammelten Pflanzen zu bestimmen, wofür ich ihm nochmals unsern wärmsten Dank entrichte. Da es ihm nicht möglich war, uns seine ganze Zeit zu widmen, so machten wir unsern ersten Ausflug allein, nämlich gegen S. Andrea zu den südwärts von der Stadt am Meeresufer gelegenen Anschüttungen, einer für Botaniker hochberühmten Stätte. Die Kastanien- und Robinien-Alleen, welche dahin führten, waren ausnehmend hübsch und schattenreich und die Hügel neben denselben zeigten zahlreiche wilde oder doch verwilderte Gesträuche, besonders *Spartium junceum L., *Colutea arborescens L., Cercis Siliquastrum L., Evonymus japonica L. fol. variegat., Ligustrum vulgare L., Ulmus campestris L., *Broussonetia papyrifera Vent., als Hecken gezogen *Hibiscus syriacus L.; auch einige Exemplare von *† Smyrnium Olusatrum L. dazwischen; die Anschüttungen selber aber boten nichts als lauter gewöhnliche Pflanzen: *Medicago falcata L., *† Lepidium Draba L., Avena fatua L. etc. und bestätigten so, was uns Tommasini schon früher gesagt hatte, dass sie nämlich jetzt für den Botaniker ganz werthlos seien. Ein starker Regenguss vereitelte unsere Absicht, noch weiter vorzudringen und trieb uns in die Stadt zurück.

Am nächsten Tage besuchten wir Miramar, die wunderreiche Schöpfung des Kaisers Max. An den Mauern dahin sahen wir sehr häufig Antirrhinum majus L. und Centranthus ruber DC., beide in den prächtigsten, blutrothen Blüthen. Der Garten selber gehört zwar nicht in den Bereich dieser Arbeit, aber als einer der herrlichsten auf Gottes Erde mag er hier ein kleines Plätzchen finden. Unter allen Gärten aus Oesterreich, Deutschland und Belgien, welche ich gesehen, scheint er mir weitaus der schönste, ja selbst in Italien und Sicilien sah ich keine solche Fülle exotischer Pflanzen beisammen, als hier. Da wandelt man oft Klafter lang zwischen den herrlichsten Agaven, da prangen die fremdländischen Azaleen, Rhododendren, Weigelien, Kamelien, Magnolien und der strauchige Jasmin in Hunderten der schönsten und vollsten Blüthenkronen, da steht die chinesische Fächerpalme, da grünen und blühen die Yucca-Arten, da duftet das weissblumige *Pittosporum Tobira* in Hunderten von Sträuchen und bildet schon am Eingange dichte Gehege, da starrt ein ganzer Wald von spitzen, reich mit Goldblüthen behangenen Aesten des *Spartium junceum* L., da überzieht das *Hypericum monogynum* ganze Abhänge mit ununterbrochenem Blätterdache, da schattet eine Menge von meist immergrünen Laub- und Nadelbäumen — Eichen, Cypressen, Thujen, Lorbeer, Myrten, Schling- und Feigenbäume, Araukarien, Wellingtonien, ein ganzer Bestand von Schwarzföhren etc. — da ranken die fünfblättrige *Ampelopsis*, der dunkle Epheu oder die ausnehmend grossblättrige *Ficus stipularis* an allen Mauern, Felsen und Hallen empor und in den drei Plateaux, welche über einander liegen und deren tiefstes das Meer erreicht, da blühen farbenreiche Blumen, da plätschern lustige Fontanen, und dazu schlagen die Sänger in den Laubgebüschen, dass Einem das Herz fast überfliessen möchte vor Lust und Freude über all' die Herrlichkeit, welche der gütige Schöpfer den Menschen anvertraut und welche einer der edelsten Söhne unseres Vaterlandes zu einem unerreichten Wunderbaue zusammengefügt. Das Lieblichste von Allem aber war ein Bassin vor dem Schlosse: Auf der Fläche schwammen Wasserrosen mit grossen weissen Blumen und dem goldenen Stern darinnen, den Rand umduftete blühendes Rosengesträuch, in den durchsichtigen Wellen aber neckten und tummelten sich goldblinkende Fischlein. — Am reichsten unter allen Pflanzenfamilien sind die Coniferen vertreten, da der Anleger dieses Gartens zu ihnen besondere Vorliebe gefasst und sie daher aus allen Weltgegenden hieher verpflanzt oder in Samen gezogen hatte und in dieser Beziehung mag der Garten den berühmtesten Gärten der Welt auch an Instructivität wenig nachstehen.

Den dritten Ausflug endlich machten wir auf den Monte Spaccato und diessmal war auch Herr v. Tommasini dabei. Es ist diess eine mässige Karsthöhe im Osten von Triest und der Weg dahin führt anfangs am Fusse des „Boschetto" hin, einer waldigen Berghöhe, welche durch die Sorgfalt der Triestiner von Jahr zu Jahr sich immer üppiger belaubt; dann ging es in Schlangenwindungen allmälig aufwärts zur prächtigen Terrasse von Rivoltella. Bis hieher sahen wir *Quercus pubescens Ehrh., welche das „Boschetto" grösstentheils bildet, *Rhus Cotinus L., *Silene nutans L. v. livida Wlld., *Trifolium montanum L., Orobus niger L., *Lycium barbarum L. (häufig als Hecke) und *Onosma stellulatum W. K. Von da an wurden die Höhen kahler und die Eichen mehr vereinzelt. Die Strasse wandte sich nach links hinüber zu einer Bucht, in deren Tiefe das Dorf Dongera lag und nach Umfahrung derselben erreichten wir den Monte Spaccato. Von Rivoltella herauf *Polygala vulgaris L., *Hippocrepis comosa L., *Onobrychis Tommasinii Asch., *Galium lucidum All. (sehr gemein), *Rosa rubiginosa L.? *Leontodon saxatilis Rchb. = tergestinus Hpp., *Scrophularia canina L., *Globularia cordifolia L., *Euphorbia Cyparissias L. (an Wegrändern und auf Weiden äusserst gemein, weil von den Schafen nicht gefressen), †fragifera Jan. Nun folgten wir der Fiumanerstrasse, welche rechts abzweigt, während man links hinüber nach Opschina fährt, und bald war die Karsthöhe gewonnen, welche wir als Operationsfeld uns erkoren hatten. Sie war nicht kahl und öde, wie die meisten übrigen Karst-Plateaux, sondern meist lieblich übergrünt, reich mit Büschen besetzt und stellenweise mit jungen Waldanflügen, nämlich den Schwarzföhren, welche die unermüdlichen Triestiner hier angepflanzt. Unsere Ausbeute auf diesen busch- und blüthenreichen Karstwiesen war folgende: † Anemone mon'ana Hpp., Ranunculus illyricus L., Delphinium fissum W. K., *Paeonia peregrina Mill., *Alyssum montanum L., †Thlaspi praecox Wlf., *Mochringia muscosa L., *Linum Tommasinii Rchb.. *Dictamnus fraxinella Prs., *Pistacia Terebinthus L., *Genista sericea Wlf. (gemein), †diffusa W. K., Medicago minima Lam., *Hippocrepis comosa L., *Orobus albus L. β versicolor Kch., *Trinia vulgaris DC., Ferula Ferulago L., *Laserpitium Siler L., *Senecio lanatus Scp. (gemein), Jurinea mollis Rchb., *Leontodon saxat. Rchb., *Tragopogon Tommasinii Schultz Bip., † Scorzonera austriaca W. α angustifolia Mill., Crepis chondrilloides Jacq., *Hieracium sabinum S. et M., *Gentiana aestiva R. et Sch., *Cerinthe minor L., *Veronica multifida L. (= austriaca L. γ. bipinnatifida), *Salvia pratensis

L., *Plantago Victorialis Poir., *† Convallaria Polygonatum L., *† Ornithogalum umbellatum L. v. collinum Guss. (nach Koch Syn. II. Ed.! wohl identisch mit dem O. umb. v. tenuifolium Guss! von Buccarizza, †Fritillaria montana Hpp. (= tenella M. B.), † Muscari botryoides Mill

Wir hatten im Sinne gehabt, in das nahe gelegene Hofgestüte Lippiza zu fahren, allein unterdessen hatte sich der Himmel ganz umzogen und der strömende Regen in Verbindung mit der nordischen Bora zwang uns, sogar das Sammeln aufzugeben; so kehrten wir denn, mit dem Erlangten überreich zufrieden, wieder zurück nach Triest und nach herzlichem Abschiede von dem aufopfernden Freunde, Ritter v. Tommasini. über die Karsthöhe heim nach Graz und Admont.